EXTRAIT

DES

Tarifs généraux

pour le transport des marchandises

à

Petite Vitesse

sur les chemins de fer de l'Est

au départ de

STRASBOURG

Juillet 1865

Prix : 2 Fr.

Lith. Grieshaber et Weiss.
Déposé.

EXTRAIT
DES
Tarifs généraux
pour le transport des marchandises
à
Petite Vitesse
sur les chemins de fer de l'Est
au départ de
STRASBOURG

Juillet 1865

Prix : 2 Fr.

Lith. Grieshaber et Weiss.
Déposé.

Tarifs généraux
pour
le transport des marchandises
à
Petite Vitesse

Prix de transport & conditions d'application

---

§ 1er. Marchandises en général.

Art. 3.

Les prix à percevoir pour le transport des marchandises à petite vitesse sont ainsi fixés :
1re Série, 0f. 16c par tonne & par Kilomètre ;
2e Série, ". 14 .... id .... ;
3e Série, ". 10 .... id .... ;
4e Série, ". 08 .... id .... ; — 07 ou 06c, suivant le parcours, savoir :
0f. 08c sur un parcours de 200 Kilomètres & au dessous ;
0.07 — de 201 — à 300 Kilomètres avec un minimum de taxe de 16 francs par tonne, non compris les frais de manutention ;
0.06 sur un parcours de 301 Kilomètres & au dessus avec un minimum de taxe de 21 francs par tonne, non compris les frais de manutention.

[illegible] 0,06^c, 05 ou 04^c par tonne & par kilomètre, savoir :

0,06^c sur un parcours de 100 Kilomètres & au dessous, sans que [illegible] supérieure à 8 fr par tonne, non compris les frais de [illegible]

0,05^c sur un parcours de 101 à 300 Kilomètres, sans que la taxe [illegible] à 12 fr la tonne, non compris les frais de manutention.

0,04^c sur un parcours au delà de 300 Kilomètres, non compris les frais [illegible]tention.

Les bases ci-dessus sont perçues sur les distances d'application, à l'excep[illegible] de la 3e série, qui sont appliquées sur les distances légales par rail.

Nota. Les marchandises dont la désignation suit : Bois de brosses & de chaises, – [illegible] à jardin, Cornues, Cristaux, – Faïence, – Jarres, – Porcelaine, Poterie & Verrerie [illegible] dans des cadres, cages ou harasses seront taxées sur le poids brut réduit de 10 pour 100 pour la tare. – Les cadres, cages ou harasses seront retournés franco contre 0,10^c d'enregistrement, à condition qu'ils seront remis démontés, de manière à ne tenir que peu de place sur les wagons. [illegible] transport gratuit n'aura lieu qu'autant que l'expéditeur pourra justifier par un bulletin [illegible] moment de la remise des emballages vides, que le transport de la marchandise qu'ils ont [illegible] a bien été effectué par la Compagnie. Les bulletins sont fournis aux expéditeurs par [illegible] station de départ de la marchandise. – Les expéditeurs & les destinataires devront se confo[illegible] aux prescriptions de la compagnie à l'égard des bulletins de retour. – Tout bulletin de retour [illegible] plus de deux mois de date cessera d'être valable & sera considéré comme nul. – La Compag[illegible] décline toute espèce de responsabilité à raison de la perte, de l'avarie [illegible] du manquant [illegible] retard des cadres, cages ou harasses vides dont elle opère gratuitement le retour.

Art. 4.

Les prix fixés à l'article précédent sont applicables aux paquets ou colis pesant isolément plus de 40 Kilogrammes.

Art. 5.

Les paquets ou colis pesant isolément de 0 à 40 Kilogrammes inclusivement [illegible] taxés, quelle que soit la série à laquelle ils appartiennent, à raison de 25 centi[illegible] par tonne & par Kilomètre, sans que la taxe puisse être, en aucun cas, supérieure à celle d'une expédition de même nature pesant plus de 40 Kilogrammes.

Toutefois, le tarif ordinaire de la petite vitesse sera appliqué à tous paquets [illegible] quoique emballés à part, s'ils font partie d'envois pesant ensemble plus de 40 Kil[illegible] d'objets envoyés par une même personne à une même personne.

[illegible] bénéfice de la disposition énoncée dans le paragraphe précédent ne peut [illegible] par les entrepreneurs de messagerie & de roulage & autres intermédiaires de [illegible] [illegible] que les articles par eux envoyés ne soient réunis en un seul colis.

Art. 6.

[illegible] ou colis pesant plus de 40 Kilogr. & contenant des march[illegible] différentes est taxé d'après le prix de la série la plus élevée, à moins que l'expéditeur ne justifie de la nature & du poids des objets transportés, auquel cas les marchandises sont taxées séparément, suivant la série à laquelle ils appartiennent.

Art. 7.

La perception des prix fixés aux art. 3 & 5 est effectuée par fraction indivisible de 10 Kilogrammes.

Quelle que soit la distance parcourue, le minimum de la perception est fixé à 40 Centimes par expédition, frais de chargement, de déchargement & de gare compris.

§ 2. – Plaqué d'or ou d'argent, Dentelles, Objets d'art.

(*Statues, Tableaux, Bronzes d'art*)

Art. 8.

Le plaqué d'or ou d'argent, les Dentelles & les Objets d'art (*Statues, Tableaux, Bronzes d'art*) sont taxés <u>moitié</u> <u>en</u> <u>sus</u> du prix fixé par le Tarif général pour les marchandises de la première série (1).

§ 3. – Monnaies de billon.

Art. 9.

Les monnaies de billon sont considérées comme marchandises et taxées *au poids*. (Voir la 1re Série de la classification générale.)

§ 4. – Marchandises ne pesant pas 200 Kilogr. sous le volume d'un mètre cube.

Art. 10.

Les denrées & objets qui ne sont pas nommément énoncés dans le Tarif du Cahier des charges, & qui ne pèseraient pas 200 Kilogrammes sous le volume d'un mètre cube, sont taxés *moitié en sus* des prix fixés par le Tarif général, selon la Série dudit Tarif à laquelle ces objets appartiennent, sans que, dans aucun cas, la taxe à percevoir puisse être supérieure à celle qui résulterait de l'application du Tarif simple au poids fictif calculé, à raison de 200 Kilogrammes par mètre cube.

§ 5. – Matières inflammables ou explosibles, & Objets dangereux.

Art. 11.

Les matières inflammables ou explosibles, telles que : Poudre à feu, Fulminates, Capsules, Artifices, Allumettes chimiques, Phosphore, Ether, & les objets dangereux pour lesquels des règlements de police prescriraient des précautions spéciales, sont taxées *moitié en sus* du prix fixé par le Tarif général pour les marchandises de la première Série.

---

(1) L'or & l'argent, soit en lingots, soit monnayés ou travaillés, le platine, les bijoux, les pierres précieuses & autres valeurs ne sont transportés qu'à grande vitesse; en conséquence, le Tarif de la petite vitesse ne leur est pas applicable.

Le mercure, bien que compris dans le tarif exceptionnel prévu par l'article 47 du Cahier des charges, est taxé en petite vitesse d'après le prix ordinaire de la première série. (Voir la classification par séries & la classification générale par ordre alphabétique.)

§ 6. – Masses indivisibles & Objets de dimensions exceptionnelles.

Art. 12.

Les prix du tarif sont augmentés de moitié pour les masses indivisibles pesant de 3.000 à 5.000 Kilogrammes & portés au double pour les masses indivisibles pesant plus de 5.000 Kilogrammes, mais ne dépassant pas 22,000 Kilogrammes, sans toutefois que, pour les masses de plus de 10.000 Kilogrammes jusqu'à 22.000 Kilogrammes, le prix puisse être inférieur à 25Cts par tonne & par Kilomètre.

La Compagnie n'accepte pas le transport des masses indivisibles pesant plus de 22,000 Kilogrammes, ni des objets dont les dimensions excèdent celles du matériel (1).

Si, nonobstant la disposition qui précède, la Compagnie transporte des masses indivisibles pesant plus de 22.000 Kilogrammes ou des objets dont les dimensions excèdent celles du matériel, elle devra, pendant trois mois au moins, accorder les mêmes facilités à tous ceux qui en feraient la demande.

Dans ce cas, les prix de transport seront fixés par l'Administration, sur la proposition de la Compagnie.

Dans toutes les gares d'expédition ou de destination où il n'existe pas de grues ou de treuils de force suffisante (2) pour le chargement ou le déchargement des masses indivisibles pesant plus de 5,000 Kilogrammes, le chargement & le déchargement en seront faits par les soins & aux frais, risques & périls de l'expéditeur ou du destinataire.

Section III. – Frais accessoires.

Art. 13.

Enregistrement. – Il est perçu pour l'enregistrement des marchandises:
Un droit fixe de 10 centimes par expédition (3).

---

(1) La longueur normale du matériel affecté au transport des marchandises est de 6 mètres 50 centimètres.

(2) Il perçu 30 centimes par tonne & par opération, soit pour le déchargement des marchandises en général, soit pour leur chargement, au moyen des grues à vapeur installées dans les gares de Gray & de La Villette; cette perception est de 15 centimes seulement pour les pierres.

Gares pourvues d'appareils pouvant enlever des poids supérieurs à 5,000 Kilogrammes:

Jusqu'à 6,000 Kilog. – Amagne, Audun-le-Roman, Bar-sur-Aube, Bayon, Bazeilles, Bollwiller, Chalindrey, Charmes, Chatel-Nomexy, Chauvency, Clairvaux, Douzi, Fumay, Jussey, Launois, Longuyon, Longwy, Margut, Montereau, Monthermé, Nouzon, Peltre, Poix-Terron, Pouru-Brévilly, Reims, Revin, Vignory, Vireux.

Jusqu'à 8,000 Kilog. – Ars-sur-Moselle, Bar-sur-Seine, Châlons, Forbach, La-Villette, Saverne, Saint-Dizier, Strasbourg, Troyes, Vendeuvre.

Jusqu'à 10,000 Kilog. – Belfort, Carignan, Cons-la-Granville, Chaumont, Colmar, Epernay, Epinal, Givet, Gray, Haguenau, Joinville, Langres, Lunéville, Lutzelbourg, Meaux, Metz, Mézières-Charleville, Montmédy, Mulhouse, Nancy, Novéant, Rethel, Sarrebourg, Thann, Thionville, Vaucouleurs-Pagny.

Jusqu'à 15.000 Kilog. – Commercy, Donjeux, Lérouville, Nançois-le-Petit.

Jusqu'à 16.000 Kilog. – Chevillon.

(3) Pour les marchandises empruntant plusieurs lignes concédées à des Compagnies différentes, ce droit sera perçu seulement à la gare expéditrice.

Art. 14.

Manutention. — Il est perçu pour la manutention des marchandises de toute nature, les droits suivants :

1 fr. 50 cent. par tonne pour les marchandises transportées sans condition de tonnage ;

1 franc par tonne pour les marchandises désignées soit dans la classification par séries, soit dans le présent article, comme étant transportées par wagon complet de 4,000 ou 5.000 Kilogrammes & au dessus.

La perception a lieu par fraction indivisible de 10 Kilogrammes.

Ces droits se décomposent ainsi :

Pour les marchandises transportées sans condition de tonnage,

1° Frais de chargement au départ	0f 40c	Prix par tonne applicables par fraction indivisible de 10 Kilogrammes.
2° Frais de déchargement à l'arrivée	0 40	
3° Frais de gare au départ	0 35	
4° Frais de gare à l'arrivée	0 35	

Pour les marchandises transportées par wagon complet de 4,000 ou 5,000 Kilog. & au dessus,

1° Frais de chargement au départ	0f 30c	Prix par tonne applicables par fraction indivisible de 10 Kilogrammes.
2° Frais de déchargement à l'arrivée	0 30	
3° Frais de gare au départ	0 20	
4° Frais de gare à l'arrivée	0 20	

Les droits de manutention ci-dessus fixés sont appliqués, quel que soit le mode employé pour le chargement & le déchargement (main d'homme, grue, couloir, plateau, bascule, etc.)

Pour les marchandises ci-après désignées, transportées par wagon complet de 5,000 Kilog. :

Bois à brûler dit de corde, Bois à brûler non dénommés, Bois de charpente, Bourrées, Briques, Briques réfractaires, Cercles en bois, Charbon de bois, Chaux, Chevrons, Chiffons de laine pour engrais, Clappes, Coins en bois, Coke, Coke de Boghead, Douelles, Douves, Drilles, Echalas, Ecorces à brûler, Ecorces à tan, Fagots, Houille, Lattes, Madriers, Merrains, Minerai de fer, Pavés, Perches, Phosphate de chaux pour engrais, Pierres à macadam, Pierres de taille brutes ou légèrement ébauchées, Planches en bois en général, Plâtre, Plâtre pour moulage, Poteaux, Poussier de charbon, Poutrelles en bois, Poutres en bois, Rondins, Sables, Sarments, Solives, Souches à brûler, Tan, Traverses pour chemins de fer, Treillages en bois, Tuiles & Voliges, il sera loisible aux expéditeurs & aux destinataires de faire eux-mêmes, & à leurs frais, risques & périls, le chargement & le déchargement, &, dans ce cas, il sera déduit des frais de manutention :

0f 30c par tonne pour chaque opération de chargement & de déchargement.

Les droits de gare sont dus dans tous les cas.

Il est perçu, en outre, aux gares de jonction d'un chemin de fer avec un autre chemin de fer concédé à une Compagnie différente, un droit de 40 Centimes par tonne, applicable par fraction indivisible de 10 Kilog. & à partager par moitié entre les deux Compagnies, pour les marchandises transitant d'une ligne sur une autre, &, moyennant la perception de ce droit, les frais de manutention ci-dessus fixés (chargement, déchargement & gare) ne sont perçus qu'une seule fois, à l'expédition primitive & à la destination définitive, étant bien [illegible] d'ailleurs que les frais de chargement & de déchargement [illegible] marchandises transportées par wagon complet de 4.000 ou 5.000 Kilog [illegible] opérations seront faites par les expéditeurs & les destinataires.

Sont exemptés de tout droit de chargement, de déchargement & de gare les [illegible] pesant de 0 à 40 Kilogrammes inclusivement.

Art. 15.

Pesage. – Il est perçu pour toute marchandise qui, sur la demande de [illegible] ou du destinataire, serait soumise à un pesage extraordinaire en dehors de [illegible] Compagnie doit faire à ses frais, au départ, pour établir la taxe [illegible]

Un droit de 0f,10c par fraction indivisible de 100 Kilogrammes & par chaque [illegible] supplémentaire.

Lorsque le pesage a lieu par camion ou par wagon complet passé à la bascule, [illegible] est de

0f,30c par tonne indivisible, avec un minimum de 1f,50 par camion ou par wagon.

Toutefois, les droits ci dessus ne seront pas perçus si le pesage supplémentaire [illegible] une erreur commise au préjudice de l'expéditeur ou du destinataire.

Art. 16.

Magasinage. – Il est perçu pour le magasinage des marchandises adressées en gare & qui ne sont pas enlevées, pour quelque cause que ce soit, dans les 48 heures [illegible] la mise à la poste de la lettre d'avis adressée par la Compagnie au destinataire, les droits [illegible]

0fr,02c par fraction indivisible de 100 Kilog. & par jour, pour les quinze premiers jours [illegible]

0fr,05c par fraction indivisible de 100 Kilog. & par jour pour chaque jour en sus.

Le minimum de la perception est fixé à 10 centimes.

Les droits fixés ci dessus sont également applicables aux marchandises adressées à domicile & dont le destinataire serait absent ou inconnu, ou refuserait de prendre livraison, à la condition qu'avis de ces circonstances sera adressé immédiatement [illegible] par la Compagnie à l'expéditeur ou au cédant.

Dans ce cas, les frais de retour des colis à la gare sont à la charge de la marchandise.

Les mêmes droits de magasinage seront perçus au départ & dès l'expiration [illegible] 24 heures qui suivront la remise en gare pour les marchandises que la Compagnie consentirait, sur la demande de l'expéditeur, à conserver sur ses quais ou [illegible] magasins au delà de ce délai, la Compagnie n'étant tenue d'ailleurs d'accepter [illegible] marchandises que prêtes à être expédiées.

Art. 17.

Stationnement des wagons. – Pour les marchandises désignées, soit [illegible] tableau 4, soit dans la classification par série comme étant transportées par [illegible] plet de 4.000 ou 5.000 Kilogrammes & au dessus, avec faculté ou obligation pour [illegible] expéditeurs & les destinataires de faire eux mêmes le chargement & le déchargement [illegible] droits de stationnement sont fixés ainsi qu'il suit.

au départ.

[illegible] wagons devront être complètement chargés dans les 24 heures qui suivent [illegible] à la disposition des expéditeurs ; passé ce délai, il sera perçu un droit de stationnement de 5 francs par wagon entamé ou non entamé & par jour de retard, quelle que soit la contenance du wagon.

à l'arrivée:

Les wagons devront être complètement déchargés dans les 24 heures qui suivront la mise à la poste de la lettre d'avis adressée par la Compagnie au destinataire ; passé ce délai, la Compagnie pourra, à son choix, ou faire le déchargement & percevoir pour cette opération 0 fr 30 c. par tonne, sans préjudice des droits ordinaires de magasinage pour les marchandises déchargées, à compter de l'expiration des 24 heures ci-dessus fixées, ou laisser les marchandises sur les wagons, en percevant un droit de stationnement de 5 francs par wagon & par jour de retard, quelle que soit la contenance du wagon.

Dispositions générales.

Art. 36.

Distances. — Tout Kilomètre entamé est payé comme s'il avait été parcouru en entier.

Pour toute distance inférieure à 6 Kilomètres, la perception est faite comme pour 6 Kilomètres entiers.

Art. 37.

Fractions de poids. — Le poids de la tonne est de 1,000 Kilogrammes.

Les fractions de poids ne sont comptées que par centième de tonne ou 10 Kilogrammes ; ainsi tout poids entre 0 & 10 Kilogrammes paye comme 10 Kilogrammes, entre 10 & 20 Kilogrammes comme 20 Kilogrammes, etc.

Art. 38.

Calcul des taxes. — La taxation *totale* d'une expédition de même nature est effectuée en arrondissant les chiffres aux 5 centimes supérieurs lorsqu'elle atteint 2 centimes 5 millièmes, & aux 5 centimes inférieurs lorsqu'elle n'atteint pas 2 centimes 5 millièmes.

Art. 39.

Matières inflamables ou explosibles, animaux & objets dangereux.

La Compagnie n'accepte le transport des matières inflammables ou explosibles, telles que :

Poudres à feu, Fulminates, Capsules, Artifices, Allumettes chimiques, Phosphore, Ether, des animaux & objets dangereux pour lesquels des règlements de police prescriraient des précautions spéciales, qu'avec les mesures de précaution prescrites ou à prescrire par le Ministre de l'agriculture, du commerce & des travaux publics.

Art. 40.

Conditionnement des marchandises. La Compagnie n'est pas tenue d'accepter non emballées les marchandises que le commerce est dans l'usage d'emballer.

Elle n'est pas tenue non plus d'accepter les marchandises dans un emballage défectueux, ni celles qui présentent une trace évidente de détérioration.

Les marchandises susceptibles de se confondre avec d'autres marchandises de même nature ou dont le contact pourrait être nuisible, telles que les pommes de terre, la houille, le soufre, etc., ne sont acceptées en vrac que par wagon complet, à moins que, la charge étant insuffisante, l'expéditeur ne consente à payer la taxe d'un wagon complet.

Art. 41.

Déclarations. — Toute expédition doit être accompagnée d'une déclaration, datée & signée, indiquant :

1° Le nom & l'adresse de l'expéditeur ;

2° Le nom & l'adresse du destinataire ;

3° Le nombre, le poids & la nature des colis à expédier, leurs numéros, marques ou adresses ;

4° La mention *à domicile* ou *en gare*, selon que la marchandise devra ou non être camionnée (en l'absence de cette mention, la marchandise sera adressée *en gare*) ;

5° La mention *en port dû* ou *en port payé* ;

6° La somme (en toutes lettres) à faire suivre.

S'il s'agit de colis soumis aux contributions indirectes ou à la douane, l'expéditeur fournira à la Compagnie tels pièces & renseignements que de besoin, afin que le transport & la transmission de ces colis ne puissent subir aucun retard ou empêchement.

S'il s'agit de marchandises indiquées dans la classification par séries comme étant transportées sans responsabilité des avaries & déchets de route, l'expéditeur doit, pour jouir du prix réduit, reproduire dans sa déclaration les mots : *sans responsabilité des avaries & déchets de route*. A défaut de cette mention, le prix sera appliqué d'après la série à laquelle appartient la marchandise lorsqu'elle est transporté dans les conditions ordinaires de responsabilité.

Art. 42.

Fausses déclarations. — Si la Compagnie a des motifs de présumer la fraude dans les déclarations faites sur la nature de la marchandise, elle peut, soit au départ, soit à l'arrivée, exiger l'ouverture des colis.

Procès-verbal est dressé de cette opération.

Art. 43.

Payements. — Les expéditions sont effectuées, à la volonté de l'expéditeur, en port dû ou en port payé ; néanmoins, les articles sujets à détérioration ou sans valeur ne sont admis qu'en port payé à l'avance.

Art. 44.

Déboursés. — L'avance, au départ, des frais ou déboursés dont une expédition peut être grevée n'est obligatoire que de Compagnie à Compagnie & au transit d'une ligne de fer sur une autres.

Art. 45.

Remboursements. — Les sommes qui suivent les expéditions à titre de remboursement sont soumises, au retour, à la taxe portée au Tarif général de la Grande vitesse pour le transport des finances.

Art. 46

Lettre de voiture. La Compagnie n'accepte que pour le coût du timbre (0f,50c) le débours des lettres de voiture fournies par les expéditeurs.

Elle n'est pas tenue d'accepter les lettres de voiture payables au retour.

Art. 47.

Lettre de voiture & récépissé. — Toute expédition sera constatée, si l'expéditeur le demande, par une lettre de voiture, dont un exemplaire restera aux mains de la Compagnie & l'autre aux mains de l'expéditeur. Dans le cas où l'expéditeur ne demanderait pas de lettre de voiture, la Compagnie sera tenue de lui délivrer un récépissé qui énoncera la nature & le poids du colis, le prix total du transport & le délai dans lequel ce transport devra être effectué.

Art. 48.

Délais de transport. — Les animaux, denrées, marchandises & objets quelconques à petite vitesse sont expédiés, transportés & livrés, de gare en gare, dans les délais fixés par l'arrêté ministériel du 15 Avril 1859, dont extrait ci-après:

« Art. 6. — Les animaux, denrées, marchandises & objets quelconques, à petite vitesse, « seront expédiés dans le jour qui suivra celui de la remise.

« Art. 7. — La durée du trajet, pour les transports à petite vitesse, sera calculée à raison « de vingt quatre heures par fraction indivisible de 125 Kilomètres.

« Ne seront pas comptés les excédants de distance jusques & y compris 25 Kilomètres. « Ainsi, 150 Kilomètres compteront comme 125, 275 comme 250, etc.

« Art. 8. — Pour les animaux, denrées, marchandises & objets quelconques passant « d'une ligne sur une autre sans solution de continuité, le délai d'expédition fixé « à l'article 6 ne sera compté qu'à la gare originaire & une seule fois; mais il est « accordé aux compagnies un jour de délai pour la transmission d'une ligne « à l'autre, la durée du trajet, pour chaque Compagnie, restant fixé comme il « est dit à l'article 7.

« Toutefois, à Paris, pour la transmission d'une gare à l'autre par le chemin de « fer de Ceinture, le délai sera de deux jours; mais il comprendra la durée du « trajet sur ledit chemin.

« Le délai de transmission entre les lignes qui, aboutissant dans une même « localité, n'ont pas encore de gare commune, sera porté à trois jours, le surplus « des conditions énoncées au paragraphe 1er du présent article restant applicable « dans ce dernier cas.

« Art. 9. — Les expéditions seront mises à la disposition des destinataires dans « le jour qui suivra celui de leur arrivée effective en gare.

« Art. 10. — Le délai total résultant des articles 6, 7, 8 & 9, sera seul obligatoire « pour les Compagnies.

. . . .

« Art. 12. — Du 1er Avril au 30 Septembre, les gares seront ouvertes, pour la « réception & la livraison des marchandises à petite vitesse, à six heures du matin,

« au plus tard, & fermées, au plus tôt, à six heures du soir.

« Du 1er Octobre au 31 Mars, elles seront ouvertes à sept heures du matin, au « plus tard, & fermées, au plus tôt à cinq heures du soir.

« Par exception, les dimanches & jours fériés, les gares des marchandises « à petite vitesse seront fermées à midi, & les livraisons restant à faire avant la « fin de la journée seront remises à la première moitié du jour suivant.

« Dans ce dernier cas, le délai fixé pour la perception du droit de magas« sinage, soit par les Tarifs généraux, soit par les Tarifs spéciaux homologués « par l'Administration supérieure, sera augmenté de tout le temps compris « entre l'heure de midi & l'heure réglée aux paragraphes 1 & 2 du présent « article pour la fermeture des gares.

« Art. 13. — Aux délais fixés ci-dessus seront ajoutés les délais nécessaires « pour l'accomplissement des formalités en douane. »

Classification générale

des marchandises

par ordre alphabétique.

Classification générale des marchandises
par ordre alphabétique.

(*) Conformément à l'art. 10, les marchandises suivies d'un astérique sont taxées moitié en sus du prix fixé par le tarif, lorsqu'elles ne pèsent pas 200 Kilog., sous le volume d'un mètre cube.

Les lettres W.C. signifient wagon complet.

Marchandises	Séries	Marchandises	Séries	Marchandises	Séries
Abats	3	Acier à ressorts pour crinolines	2	Allumettes chimiques en caisses sans responsabilité	2
Absinthe en balles	1	Acier à ressorts pour voitures	3	Allumettes chimiques en caisses par W.C. de 4000 Kilogr. ou payant pour ce poids, sans responsab.	3
Absinthe (liqueur d')	2	Acier brut	3	Alquifoux	4
Absinthe (liqueur d') en fûts, sans responsabilité	3	Acier en barres	3	Alumine	3
Acajou en billes	4	Acier ouvré	2	Alun	4
Acajou en feuilles	1	Agaric	1	Alunite	4
Acétate d'alumine	3	Agglomérés de houilles	5	Amadou	1
Acétate de cuivre	3	Agrafes	1	Amandes fraîches	1
Acétate de fer	3	Aiguilles à coudre	1	Amandes de palmier	2
Acétate de plomb	3	Aiguilles à tricoter	1	Amandes sèches	2
Acide acétique	3	Ail frais	1	Ambre	1
Acide arsénieux	1	Ail sec	2	Amiante	2
Acide borique	3	Albâtre brut	3	Amidon	3
Acide chlorhydrique	1	Albâtre ouvré	1	Ammoniaque liquide	1
Acide citrique	1	Albumine	1	Ammoniaque liquide par W.C. de 5,000 Kilogr. ou payant pour ce poids, sans responsabilité	3
Acide hydrochlorique	1	Alcali volatil	1	Anchois à l'huile	1
Acide muriatique	1	Alcali volatil par W.C de 5000 Kilogr. ou payant pour ce poids sans resp.	3	Anchois salés	2
Acide nitrique	1	Alcool	2	Ancres de marine	3
Acide oléique	2	Alcool en fûts sans responsabilité	3	Anis	1
Acide oxalique	2	Alizari	3	Anthracite	5
Acide pyroligneux	4	Allumettes chimiques (Voir le Tarif exceptionnel fixé par l'art. 51.)	»	Antimoine cru	3
Acide stéarique	2				
Acide sulfurique	1				
Acide tartrique	3				
Acides minéraux non dén.	1				
Acides minéraux par W.C. de 5000 Kilogr. ou payant pour ce poids sans respon.	4				

Marchandises	Classes
Antimoine régule	2
Appareils à gaz	1
Appareils inodores	1
Arachides	3
Arbres en fer	3
Arbres et arbustes vivants	1
Arbres et arbustes vivants par w. de 4000 Kilog. ou payant pour ce poids sans responsabilité	3
Arc[illegible]	3
Ardoises en tables	3
Ardoises pour écrire	3
Ardoises pour toitures	4
Argiles	3
Armes	1
Armes de guerre	3
Arrow-root	1
Arsenic	1
Arsenic en fûts	3
Articles dits d'industrie parisienne	1
Artifices (Voir le tarif exceptionnel fixé par l'art. 11)	»
Asbeste	2
Asphalte	3
Asphodèles	3
Avoine	3
Avelanèdes	3
Azur	4
B.	
Bablah	1
Bâches en toile [illegible]	2
[illegible]	4
Baguettes pour cadres	1

Marchandises	Classes
Baies de genièvre	3
Baies de laurier	3
Balais de Bordeaux	3
Balais de bouleau	3
Balais de bruyère	3
Balais de cameline	3
Balais de crin	1
Balais de plumes	1
Balais de bouleau, de cameline et de Bordeaux par w.c. de 5000 Kilog. ou payant pour ce poids	4
Balais de joncs	3
Balais de paille	3
Balances en cuivre	1
Balances en fer	1
Baleines brutes	2
Baleines ouvrées	1
Bambous	1
Bandages de roues	3
Barillons pour fourrages	3
Barreaux de grilles en fer ou en fonte	3
Baryte	4
Bascules	1
Bascules encaissées, sans responsabilité	3
Bateaux dont la longueur n'excède pas 6m 50 (*)	1
Baudruche	1
Baumes	1
Becquets	3
Benjoin	3
Betteraves	4
Betteraves (graine de)	4
Beurre de coco	2

Marchandises	Classes
Beurre [illegible] responsabilité	[illegible]
Beurre [illegible]	[illegible]
Beurre frais	[illegible]
Beurre fondu	[illegible]
Beurre salé ou fondu	[illegible]
Bichromate de fer	[illegible]
Bichromate de potasse	[illegible]
Bichromates non dénommés	[illegible]
Bielles	[illegible]
Bières (1)	[illegible]
Bières en fûts	[illegible]
Bières en fûts sans responsabilité de coulage	[illegible]
Billards (1)	[illegible]
Billes en agate	[illegible]
Billes en grès	[illegible]
Billes en ivoire	[illegible]
Billes en marbre	[illegible]
Bimbeloterie de Mor[illegible]	[illegible]
Bimbeloterie non dénommée	[illegible]
Biscuits de mer	[illegible]
Bismuth	[illegible]
Bitter	[illegible]
Bitter en fûts sans responsabilité	[illegible]
Bitume liquide [illegible]	[illegible]
Bitume liquide en bonbonnes, bouteilles ou touries renfermées dans des cages ou caisses sans responsabilité	[illegible]
Bitumes liquides en fûts sans responsabilité	[illegible]

Marchandises	Séries
Bitumes solides	3
Blanc d'argent	1
Blanc de baleine	1
Blanc de céruse	3
Blanc d'Espagne, de Meudon & de Troyes	3
Blanc de zinc	3
Blanc fialin ou Chrismagène	3
Blés	4
Bleu d'azur	1
Bleu d'outremer	1
Bleu de Prusse	1
Boghead liquide	1
Boghead liquide par W.C. de 4,000 Kilog. ou payant pour ce poids, sans responsabilité	4
Boghead solide	5
Bois à brûler dit de corde	3
Bois à brûler non dénommés	3
Bois brut pour cannes ou parapluies	3
Bois de buis ou de bruyère, brut ou ébauché	3
Bois de campêche en bûches	3
Bois de campêche en bûches, par W.C. de 5.000 Kilog. ou payant pour ce poids, sans responsabilité	4
Bois de charpente dont la longueur n'excède pas 6 mètres 50	3
Bois de charpente en grume dont la longueur n'excède 6 mèt. 50	3
Bois de charronnage façonné	2
Bois de charronnage non façonné	3
Bois de cornouiller	3
Bois d'ébénisterie façonné	1
Bois d'ébénisterie non façonnés	3
Bois façonnés dont la désignation suit: par W.C. de 2000 Kilogr. ou payant pour ce poids, croisées, persiennes, portes & volets	3
Bois feuillards pour cercles & treillages	3
Bois de fusin	1
Bois de fusils	3
Bois de fustet	2
Bois de menuiserie façonnés	1
Bois de menuiserie non façonnés	3
Bois de réglisse	3
Bois de teinture effilés ou moulus	3
Bois de teinture en bûches	4
Bois en feuilles pour placage	1
Bois exotiques en billes ou en bûches	4
Bois jaune en bûches	4
Bois pour brosses et manches	3
Bois sciés & débités pour allumettes	3
Bois triturés	4
Boissellerie	2
Boissellerie par W.C. de 5.000 Kilog. ou payant pour ce poids	3
Boissons non dénommées	2
Boissons non dénommées, en fûts, sans responsabilité	3
Boîtes à graisse	3
Boîtes de roues	3
Boîtes de tampons, pour wagons	3
Boîtes vides en bois blanc	2
Boîtes vides en bois blanc emballées	3
Bombes	3
Bombonnes en terre cuite	2
Bombonnes en terre cuite par wagon chargé d'au moins 5.000 Kilog sans responsabilité, chargement & déchargement par les soins & aux frais, risques & périls des expéditeurs & des destinataires	3
Bondes	3
Bonneterie	1
Borate de soude	3
Borax brut	3
Borax raffiné	1
Bouchons	1

Marchandises	Séries
Bouchons	1
Bougies	1
Bougies en caisses ou en tonneaux	2
Bougies en caisses ou en tonneaux sans responsabilité	3
Boues	5
Bouilleurs	3
Boulets	3
Boulons	3
Bourre de coton	3
Bourres de fusils	2
Bourre de laine	3
Bourre de poils d'animaux	3
Bourre de soie	2
Bourrellerie	1
Bourrées	3
Bouteilles vides	2
Bouteilles vides en caisses ou en harasses sans responsabilité	3
Bouteilles vides en vrac par W. C de 5000 Kilogrammes ou payant pour ce poids, sans responsabilité, emballage, déballage, chargement et déchargement par les soins et aux frais, risques et périls des expéditeurs ou des destinataires	3
Boutons	1
Boutons de porcelaine sans responsabilité	3
Boyaux	2

Marchandises	Séries
Brai gras	4
Brai sec	4
Braise	3
Briques	3
Briques réfractaires	3
Broches en bois	2
Broches pour filature	1
Brome des prés (graine de)	4
Bronze en lingots	3
Brosserie	1
Brouettes	3
Bruyères	3
Bruyères par W. C. de 5,000 Kilogrammes ou payant pour ce poids	4
Buis en rameaux (+)	3

C.

Marchandises	Séries
Cabas vides	1
Câbles électriques	3
Câbles en chanvre	3
Câbles en fer	3
Cacao	3
Cachou	2
Cachou brut pour teintures, sans responsabilité	3
Cadres pour emballage, démontés	3
Cadres pour tableaux ou glaces	1
Cadres vides pour emballage (+)	2
Café en grains	3

Marchandises	Séries
Café moulu	2
Cages (+)	3
Cages pour emballage, démontées	3
Cages vides pour emballage (+)	1
Cailloux	5
Caisses de voiture (+)	1
Caisses de voitures de chemins de fer et de Wagons, démontées (+)	1
Caisses de voitures de Chemin de fer et de wagons vides. (+)	1
Caisses démontées	3
Caisses vides (+)	1
Calcaire asphaltique en moellons	3
Calicot blanchi	2
Calicot blanchi emballé sans responsabilité	3
Calicot écru	2
Calicot écru, sans responsabilité	3
Cameline (graine de)	4
Camions démontés	3
Camphre	1
Canevas	1
Cannelle	1
Cannes	1
Canots dont la longueur n'excède pas 6m 50c (+)	1
Cantharides	1
Caoutchouc brut	2
Caoutchouc ouvré	1
Câpres conservées	1
Câpres fraîches	1

Marchandises.	Séries
Capsules (Voir le tarif exceptionnel fixé par l'art. 11)	•
Caractères d'imprimerie	1
Caramel	2
Caramel en fûts	2
Caramel en fûts sans responsabilité	3
Carbonate d'ammoniaque	2
Carbonate d'ammoniaque en fûts	3
Carbonate de baryte	4
Carbonate de chaux	4
Carbonate de potasse	4
Carbonate de soude	4
Cardamome	1
Cardes	1
Carets (tortues)	1
Carmin d'indigo	1
Carnasse	1
Carottes	3
Carottes par W.C de 5000 Kilogrammes ou payant pour ce poids sans responsabilité	4
Carottes (graines de)	4
Caroubes	3
Carreaux de meules	3
Carreaux en ciment	3
Carreaux en faïence	1
Carreaux en faïence, sans responsabilité	3
Carreaux en marbre	1
Carreaux en marbre, sans responsabilité	3
Carreaux en faïence et en marbre, emballés par W.C. de 5000 ou payant pour ce poids, sans responsabilité	4
Carreaux en faïence et en marbre en vrac par W.C. de 5000 Kilogrammes ou payant pour ce poids, sans responsabilité, chargement et déchargement par les soins et aux frais risques et périls des expéditeurs ou des destinataires	4
Carreaux en pierre	3
Carreaux en terre cuite	3
Carrosserie (+)	1
Cartes à jouer	1
Cartes géographiques	1
Carton bitumé	3
Carton brut en feuilles	1
Carton brut en feuilles emballé sans responsabilité	3
Carton goudronné pour toitures	3
Carton lisse en feuilles	1
Carton lisse en feuilles emballé sans responsabilité	3
Carton brut et lisse en vrac sans responsabilité	3
Carton pâte en feuilles	1
Carton pâte en feuilles emballé sans responsabilité	3
Carton pâte en vrac, sans responsabilité	3
Carton pierre	1
Carton pierre emballé, sans responsabilité	2
Cartonnage	1
Cascarille	1
Cassis (vin ou liqueur de)	2
Cassis en fûts sans responsabilité	3
Castine	5
Cédrats	1
Cendres	5
Cendres d'orfèvre	3
Cercles en bois	3
Cercles en fer	3
Céréales	4
Céruse	3
Cévadille	1
Chaînes en fer	3
Chaises communes en bois blanc	2
Chaises fines en bois (+)	1
Chaises en fer (+)	•
Châles	1
Champignons frais	1
Champignons secs	2
Chandelles	1
Chandelles en caisses ou en tonneaux	2
Chandelles en caisses ou en tonneaux, sans responsabilité	3
Chanvre (graine de)	3
Chanvre brut ou teillé	3
Chanvre en tiges	3
Chanvre filé pour tissage	1
Chanvre filé simple écru pour tissage	2
Chanvre filé simple écru pour tissage, emballé du N° 1 au N° 10	3
Chanvre filé simple écru pour tissage, non emballé sans resp., du N° 1 au N° 10	3

Marchandises	Séries
Chanvre cardé ou peigné	3
Chapeaux de paille (+)	1
Chapeaux de paille grossiers	1
Chapeaux de palmier ou de latanier (+)	1
Chapellerie (+)	1
Charbon de bois	3
Charbon de terre	5
Charbon dit de Paris	3
Charcuterie	1
Chardon (+)	2
Charpentes en fer	3
Charpie	4
Charettes démontées	2
Charronnage	2
Chasselas	1
Châssis ferrés	1
Chataignes	3
Chaudières	3
Chaudronnerie en cuivre	2
Chaudronnerie en fer	3
Chaudronnerie en fonte	3
Chaudronnerie en tôle	3
Chaudronnerie non dénommée	1
Chaussures	1
Chaux	3
Chenets en fonte	3
Cheveux	1
Chevillettes de rails	3
Chevrons dont la longueur n'excède pas 6m50	3
Chicorée en cossettes	3
Chicorée en cossettes par W.C. de 5000 Kil. ou en payant pour ce poids, sans responsabilité	4

Marchandises	Séries
Chicorée en poudre	3
Chicorée en racine	3
Chicorée en racine par W.C. de 5000 Kil. ou en payant pour ce poids sans responsabilité	4
Chiendent	2
Chiffons	4
Chiffons triturés	4
Chinois	1
Chiques en agate	3
Chiques en grès	4
Chiques en marbre	4
Chlorates	3
Chlorure de chaux	4
Chlorure de Sodium	4
Chlorure de zinc	1
Chocolat	1
Choucroute	4
Choux	3
Choux, par W.C. de 5000 Kilog. ou payant pour ce poids	4
Chromate de fer	3
Chromate de potasse	3
Chromates non dénommés	1
Cidre	2
Cidre en futs sans responsabilité	3
Cigares	1
Ciment	3
Cinabre	1
Cirage	3
Cire à cacheter	1
Cire blanche	1
Cire brute	3
Citrates	1
Citrons	1

Marchandises	Séries
Citrouilles	3
Clappes	3
Cloches en métal	1
Cloches en métal fêlées ou brisées	3
Cloches en verre pour jardin (+)	1
Cloches en verre pour jardin en barasses sans responsabil.	3
Clous en cuivre	2
Clous en fer	3
Clous en zinc	3
Clouterie en fer (clous à vis et à pointes)	3
Coaltar liquide	4
Coaltar solide	4
Cobalt en pierre	3
Cobalt en poudre	1
Cochenille	1
Cocons	1
Cocons percés ou bassinés	3
Cocos brut	2
Cocos ouvrés	1
Coffres-forts	2
Coins en bois	3
Coins en fer	3
Coke	5
Coke de Boghead	5
Colle de peau	3
Colle de peau en futs sans responsabilité	4
Colle de poisson	1
Colle forte	2
Colle forte en futs sans responsabilité	3
Colonnes en fonte dont la longueur n'excède pas 6 mètres 50 cent.	3

Marchandises	Séries	Marchandises	Séries	Marchandises	Séries
Colophane	3	Cornières en fer	3	Crépins	3
Colza (graine de)	4	Cornues en fer	3	Creusets	1
Compteurs à gaz	1	Cornues en terre cuite	1	Creusets en caisses, paniers,	
Concombres	2	Cornues en terre cuite		ou harasses	3
Confiserie	1	en harasses ou en paniers	3	Creusets non emballés	
Confitures	1	Cornues en terre cuite		sans responsabilité	2
Confitures en fûts		non emballées sans		Crics	3
sans responsabilité	3	responsabilité	2*	Crin brut	3
Conserves alimentaire		Cornues en verre (+)	1	Crin en torsades	3
non dénommées	2	Cornues en verre en		Crin ouvré	1
Conserves de poissons	2	harasses sans respons.	3	Crin végétal brut	3
Conserves de viande	2	Corozos	3	Crin végétal ouvré	2
Copahu	1	Coton brut	3	Cristaux	1
Copal	1	Coton cardé	2	Cristaux de soude	4
Coprolithes	5	Coton filé pour tissage	1	Cruchons vides	1
Coques de cacao	3	Coton filé pour tissage		Cruchons vides en harasses	
Coquillages frais	1	en balles, caisses,		ou paniers	3
Coquillages ouvrés	1	harasses ou paniers		Cubèbe	1
Coquillage secs	1	sans responsabilité	2	Cuirs corroyés	2
Corail	1	Coton (graine de)	4	Cuirs de tenture	1
Cordages	3	Cotonnades	1	Cuirs en croûtes	3
Cordes	3	Cotrets	3	Cuirs ouvrés	1
Cordes d'instruments	1	Couffes vides	3	Cuirs parés à la lunette	3
Coriandre	1	Couleurs communes	1	Cuirs secs en poils	3
Corinthe	2	Couleurs fines	1	Cuirs tannés	3
Cornes non ouvrées	2	Couleurs en barils		Cuirs vernis, maroquinés	
Cornes ouvrées	1	sans responsabilité	2	ou teints	1
Cornes non ouvrées		Couperose	4	Cuirs verts salés ou non	2
emballées	3	Coussinets en fonte pour		Cuirs verts salés ou non	
Cornes non ouvrées		rails	3	par W.C. de 5000 Kilog.	
par W.C. de 5000 Kil		Coutellerie	*1	ou payant pour ce poids	3
ou payant pour ce		Coutils	1	Cuivre de doublage	3
poids	4	Couvertures de coton		Cuivre en barres	3
Cornichons conservés	1	et de laine	1	Cuivre en feuilles	3
Cornichons frais	1	Craie	3	Cuivre en plaques	3
Cornichons frais en		Crayons	1	Cuivre en saumons	3
barils ou en caisses		Crème de tartre	3	Cuivre ouvré	2
sans responsabilité	2	Crémone	3	Cumin	1

Marchandises	Séries
Curcuma en poudre	1
Curcuma en racines	3
Cuviers	3
Cyanures	1
Cylindres en verre (+)	1
Cylindres en verre en caisses barasses ou paniers	2
Cylindre en verre non emballés sans responsabilité	3
D.	
Dactyle (graine de)	4
Daguerréotypés	1
Dalles en granit	3
Dalles de pierre	3
Dames-jeannes vides (+)	1
Dames-jeannes vides en caisses ou en barasses sans responsabilité pour la casse de route (+)	3
Dames-jeannes vides en vrac par W.C. de 5000 kil ou payant pour ce poids, sans responsabilité, emballage, déballage chargement et décharg^t par les soins et aux frais, risques et périls des expéditeurs ou des destinat^res	3
Dari (graine de)	4
Dattes	1
Déchets d'aloès	2
Déchets de boucherie	3
Déchets de corne ou d'os	3
Déchets de coton	3
Déchets de coton filé fin (dits bouts de canettes)	4

Marchandises	Séries
Déchets de cuir	3
Déchets d'étoupe	3
Déchets de fil de laine, de fil de lin ou de fil de coton	3
Déchets de frisons	3
Déchets de laine	3
Déchets de lin	3
Déchets de papier ou de carton	4
Déchets de peaux	3
Déchets de peaux de lapins	3
Déchets de porcelaine	3
Déchets de poterie	3
Déchets de soie	3
Déchets de sparte	3
Déchets de tannerie	3
Déchets non dénommés	3
Dégras	3
Denrées coloniales non dénommées	1
Dentelles (voir le tarif exceptionnel fixé par l'art. 8)	"
Dents d'Eléphant	1
Dextrine	3
Disse et autres plantes pour papier	3
Dividivi	4
Douelles	3
Douves	3
Dragées	1
Draperie	1
Drilles	4
Droguerie non dénommée	1
Drogues	1
Duvet (+)	1

Marchandises	Séries
E.	
Eau ammoniacale	1
Eau de Cologne	1
Eau de fleurs d'oranger	1
Eau de Javelle	2
Eau de Javelle en barils ou en tourries, sans responsabilité	4
Eau de mer	4
Eau de rose	1
Eau de vie	2
Eau de vie en futs	3
Eau distillée	1
Eau douce	3
Eaux minérales	3
Eaux minérales en caisses ou paniers	4
Ecaille	1
Echalas	3
Eclisses pour rails	3
Ecorces à brûler	3
Ecorces à tan	3
Ecorces de citrons	1
Ecorces d'oranges	1
Ecorces de Quercitron	4
Ecorces de quillai ou de panama	3
Ecorces de quinquina	1
Ecorces non dénommées	1
Ecorces en sacs par W.C. de 4000 Kilog. ou payant pour ce poids	4
Ecrans	1
Effets à usage	1
Elastiques (ressorts pour meubles)	2
Elébore	1

Marchandises	Séries	Marchandises	Séries	Marchandises	Séries
Email	1	Etrilles	2	Ferblanterie	1
Email concassé	2	Euphorbe	1	Ferblanterie en caisses	
Emeri brut	3	Eventails	1	ou paniers	2
Emeri en poudre	3	Extraits tinctoriaux	2	Fer d'ornement	2
Encens	1	Extraits tinctoriaux		Fer en barres	2
Enchapes	3	en futs	3	Fer en pièces forgées	3
Enclumes	3	**F.**		Fer feuillard	2
Encre	2	Fagots	3	Fer ouvré	2
Encre en futs	3	Faïence	1	Fer pour plancher	3
Engrais de mer	5	Faïence commune emb.ée	3	Ferraille	3
Engrais non dénommés	5	Faïence fine emballée	2	Fer riblon	3
Epicerie non dénommées	1	Faïence commune en vrac		Ferronnerie	2
Epingles	1	par W.C. de 5000 Kilog.		Feuilles de mûrier	2
Eponges (+)	1	ou payant pour ce poids,		Feuilles d'oranger	1
Equipements militaires	1	sans responsabilité,		Feuilles et tiges de	
Ergots	2	chargement et déchargt.		latanier	3
Escarbilles	5	par les soins et aux frais,		Feuilles et tiges de	
Escargots	1	risques et périls des		palmier	3
Escourgeon	4	expéditeurs ou des destina		Feuilles non dénommées	1
Essence de térébenthine	1	taires.	3	Feuilles pour engrais (+)	5
Essence de térébenthine		Faînes	3	Feutre	1
en caisses	2	Fanons de baleine	2	Feutre grossier en bourre	
Essence de térébenthine		Farines alimentaires		de veau	3
en futs	3	non dénommées	4	Féverolles	4
Essences (huiles essentielles)	1	Farine de Froment	4	Fèves fraîches	3
Essieux montés	3	Farine de lin	3	Fèves sèches	4
Essieux non montés	3	Farine de moutarde	3	Ficelles	3
Estampes	1	Farine de seigle	4	Figues fraîches	1
Etain non ouvré	3	Faucilles	3	Figues sèches	2
Etain ouvré	2	Faussets	1	Filasse	2
Etaux	3	Faux	3	Filasse emballée	3
Ether (Voir le tarif		Fèces (résidus d'épura-		Filets de chasse ou de	
exceptionnel fixé		tion d'huile)	3	pêche	1
par l'art. 11.)	"	Fécules exotiques non		Filin	3
Etoffes de coton, de laine		dénommés	1	Fil d'acier	3
de lin ou de soie	1	Fécules indigènes	4	Fil de chanvre, de coton,	
Etoupes	2	Fer battu (objets en)	2	de laine ou de lin pour	
Etoupes emballées	3	Fer-blanc en feuilles	2	broder ou pour coudre	1

Marchandises	Séries
Fils de chanvre, d'étoupe et de lin simples, écrus, pour tissage	2
Fils de chanvre, d'étoupe et de lin simples, écrus, pour tissage emballés, du N° 1 au N° 10	3
Fils de chanvre, d'étoupe et de lin simples, écrus, pour tissage non embés sans responsabilité, du N° 1 au N° 10	3
Fils de chanvre, de laine et de lin pour tissage	1
Fils de coton pour tissage	1
Fils de coton pour tissage en caisses, barasses, ou paniers sans responsabilité	2
Fil de cuivre	3
Fil de fer	3
Fils de jute simples, écrus, pour tissage	2
Fils de jute simples, écrus, pour tissage, emballés.	3
Fils de jute simples, écrus, pour tissage non emballés sans responsabilité	3
Fil de laiton	3
Fil de soie	1
Fils métallique non dénommés	2
Filtres en grès	2
Filtres en grès emballés, sans responsabilité	3
Flanelle	1
Flegmes	3
Fleur de soufre	3
Fleurs artificielles (+)	1

Marchandises	Séries
Fleurs médicinales	1
Fleurs sèches	1
Fleurs vivantes (+)	1
Foies de canard ou d'oie	1
Foin (+)	2
Foissonnats (bois à brûler)	3
Fontaine	1
Fontes brutes	3
Fontes d'ornement	2
Fonte émaillée (objets en)	2
Fontes moulées	2
Formes à sucre en terre cuite	1
Formes à sucre en terre cuite en caisses, barasses ou paniers	3
Formes à sucre en terre cuite, en vrac, sans responsabilité	2
Formes à sucre en tôle	2
Foudres démontés	3
Foudres vides (+)	1
Fourneaux économiques	2
Fournitures de bureaux	1
Fourrages secs (+)	2
Fourrages verts (+)	3
Fourrures	1
Fromental (graine de)	4
Friperie	1
Frises en chêne ou en sapin	3
Fromage de Brie	2
Frisons de soie	3
Fromages frais	1
Fromages secs	3
Fruits au jus	1
Fruits confits	1
Fruits frais non dénommés	1

Marchandises	Séries
Fruits pour boisson	1
Fruits pour distillerie	1
Fruits secs non dénommés	2
Fulminates (Voir le tarif exceptionnel fixé par l'art. 11)	4
Fumier	5
Fustet	2
Fûts démontés	3
Fûts vides (+)	1
G.	
Galbanum	1
Galène	3
Galipot	3
Galoches	3
Gambier	3
Ganterie	1
Garance en poudre	3
Garance en racine	3
Garancine	3
Gaudes	3
Gaudes par W.C. de 5000 Kilog. ou payant pour ce poids	4
Gélatine	1
Gemme (matière résineuse)	3
Générateur dont la longueur n'excède pas 6m 50.	3
Genièvre en grains	3
Genièvre (liquide de)	2
Genièvre en fûts sans responsabilité	3
Gentiane	3
Gibier	1
Gingembre	1
Girofle	2

Marchandises	Séries	Marchandises	Séries	Marchandises	Séries
Glace (eau congelée)	1	Gutta-percha brute	3	Huile d'olive	1
Glaces avec ou sans tain	1	Gutta-percha ouvrée	1	Huile d'olive en futs	
Glands	4			sans responsabilité	2
Glu	1	**H.**		Huile de palme	3
Glu marine	3			Huile de pétrole	1
Glucose —	4	Halpha (+)	4	Huile de pétrole en	
Gluten	3	Harengs salés	2	bombonnes, bouteilles	
Glycérine ou parement		Harengs salés en futs		ou touries renfermées	
Freppel	1	sans responsabilité	3	dans des cages ou caisses	
Glycérine ou parement		Harengs saurs	3	sans responsabilité	4
Freppel sans responsab.	2	Haricots frais	3	Huile de pétrole en futs	
Glycérine ou parement		Haricots secs	4	sans responsabilité	4
Freppel, en futs		Herboristerie non dénommée	1	Huile de poisson	2
sans responsabilité	3	Hermodacte	1	Huile de ricin et autres	
Gobeleterie en verre	1	Horlogerie	1	huiles médicinales	1
Gobeleterie en verre,		Horlogerie de Morez	3	Huile de schiste	1
emballées, sans respons.	2	Horlogerie en bois	3	Huile de schiste en	
Gomme arabique	2	Houblon	1	bombonnes, bouteilles	
Gomme copal	1	Houille	5	ou touries renfermées dans	
Gomme laque	1	Huile d'aspic	1	des caisses ou cages	
Gomme résine	2	Huile de coco	3	sans responsabilité	4
Goudron	4	Huile de goudron	1	Huile de schiste en futs	
Graines fourragères et oléa-		Huile de goudron		sans responsabilité	4
gineuses non dénommées	4	en caisses sans respons.	2	Huile de suif	3
Graines potagères	2	Huile de goudron en futs		Huiles concrètes	3
Graines tinctoriales	2	sans responsabilité	3	Huiles essentielles	1
Graines non dénommées	2	Huile de graine	2	Huiles non dénommées	1
Grains	4	Huile de graine en futs		Huiles non dénommées	
Graisse	3	sans responsabilité	3	en futs sans responsabté	2
Granit	3	Huile de naphte	1	Huîtres	1
Graphite	3	Huile de naphte en		Huîtres marinées	1
Gravier	5	bombonnes, bouteilles		Hydromel	2
Grelots	1	ou touries, renfermées		Hydromel en futs sans	
Grenades	1	dans des cages ou caisses		responsabilité	3
Grenaille	3	sans responsabilité.	4		
Grésil	3	Huile de naphte en futs		**I.**	
Gruau	4	sans responsabilité	4		
Guano	5	Huile de noix	3	Immortelles	1

Marchandises	Séries
Imprimés	1
Indiennes	1
Indigo	1
Instruments agricoles	3
Instruments de chirurgie	1
Instruments de musique	1
Instruments d'optique, de physique et de précision	1
Ipécacuanha	1
Iris en poudre	1
Iris en racines	1
Isolateurs en porcelaine	1
Isolateurs emballés sans responsabilité	2
Issues de grains	4
Ivoire	1
J.	
Jalap	1
Jambons	3
Jantes en bois	3
Jarosse	4
Jarres (*)	1
Jarres en caisses, harasses ou paniers (*)	2
Jarres, par W.C. de 5000 Kilog. ou payant pour ce poids sans respons.ᵉ	3
Jaunes de Chrome et de Naples	1
Joncs	2
Jouets	1
Jujubes	1
Jus de citrons	1
Jus de fruits	1
Jus de fruits en futs sans responsabilité	3

Marchandises	Séries
Jute	2
Jute emballé	3
K.	
Kaolin	3
Kermès	1
Kirsch	2
Kirsch en futs, sans responsabilité	3
L.	
Lacdye	2
Lainages tissés	1
Laine brute ou en suint	3
Laine filée pour tissage	1
Laine lavée	2
Laine peignée ou cardée	2
Lait	1
Laiton en barres	3
Laiton en feuilles	3
Laiton en fil	3
Laiton en saumons	3
Lames de scies	1
Lampisterie	1
Langues de boeufs fumées	2
Laque	1
Lard fumé ou salé	3
Lattes	3
Laudanum	1
Laurier en bottes	1
Légumes comprimés	2
Légumes desséchés	2
Légumes en conserves	
Légumes farineux non dénommés	4
Légumes frais non dénommés	3

Marchandises	Séries
Légumes frais par W.C. de 5000 Kilog. ou payant pour ce poids	4
Légumes secs non dénommés	4
Lentilles	4
Leviers	3
Levûre fraiche	1
Levûre sèche	2
Librairie	1
Lichen	1
Lie de bière	3
Lie de bière en fûts sans responsabilité	4
Lie de vin	3
Liége brut	2
Liége ouvré	1
Liens en bois	3
Lignites	5
Limaille	3
Limes préparées	2
Limes brutes	3
Limonade gazeuse	3
Limonade gazeuse en caisses ou en paniers sans respons.ᵉ	4
Limousines	1
Lin (graine de)	4
Lin brut ou teillé	3
Lin en tiges	3
Lin filé pour tissage	1
Lin filé simple, écru, pour tissage	2
Lin filé simple, écru, pour tissage, emballé, du N° 1 au N° 10.	3
Lin filé simple, écru, pour tissage, non emballé du N° 1 au N° 10. sans respons.ᵉ	3
Lin peigné ou cardé	2

Marchandises	Séries
Lingerie	1
Liqueurs en paniers ou en caisses	2
Liqueurs non dénommées	2
Liqueurs non dénommées en futs sans responsabté	3
Lisières de drap	3
Literie (+)	1
Litharge	3
Lits en fer décorés (+)	1
Lits en fer non décorés (+)	2
Locomobiles (+)	1
Louchets	3
Luciline	1
Luciline en bombonnes ou bouteilles, renfermées dans des cages ou caisses sans responsabilité	4
Luciline en futs sans respons.	4
Lupins (pois)	2
Lupins (pois secs)	4
Luzerne (graine de)	4
M.	
Macaroni	3
Machines	1
Machines non emballées sans responsabilité	2
Machines emballées	3
Machines à battre (+)	1
Madriers dont la longueur n'excède pas 6m50.	3
Magnésie	1
Maïs	4
Malachite brute	3
Malachite ouvrée	1
Malt	4
Manches en bois	4

Marchandises	Séries
Manches de fouet dits perpignans	1
Manganèse	4
Marine	1
Marbres artificiels	1
Marbres en blocs	3
Marbres en tranches isolées	2
Marbres en tranches isolées sans responsabté	3
Marbres en tranches scellées ensemble avec plâtre ou ciment	2
Marbres en tranches scellées avec plâtre ou ciment sans responsabilité	3
Mabres ouvré ou polis	1
Marc d'olives	3
Marc de pommes	3
Marc de raisins	3
Marègues	1
Marne	5
Maroquins	1
Marrons	3
Masses indivisibles pesant plus de 3000 Kilogrammes (Voir le tarif exceptionnel fixé par l'art. 12.)	
Massiaux	3
Mastic	3
Matériaux pour la construction et la réparation des routes	5
Matières bitumeuses solides	3
Mâts dont la longueur n'excède pas 6m50	3

Marchandises	Séries
Mécaniques	1
Mécaniques non emballées sans responsabilité	2
Mécaniques emballées	3
Mèches de coton	1
Mèches de mineurs	1
Médicaments non dénommés	1
Mélasse	3
Melons	1
Mercerie	1
Mercure	1
Merinos	1
Merrains	3
Métaux bruts non dénommés	3
Métaux ouvrés non dénommés	2
Méthylène	1
Meubles	1
Meubles par w.c. de 4000 Kilogrammes ou payant pour ce poids sans responsabilité chargement et déchargement par les soins et aux frais, risques et périls des expéditeurs ou des destinataires	3
Meules à aiguiser ou à émoudre	2
Meules à aiguiser ou à émoudre sans responsabilité	3
Meules à moudre	3
Meulières	3
Mica en feuilles	2
Mica en poudre	2

Marchandises	Séries
Miel blanc	1
Miel roux	1
Millet (graine de)	4
Mine de plomb	3
Mine orange	2
Minerai de fer	5
Minerai non dénommés	3
Minette (graine de)	4
Minium	3
Miroirs	1
Mitraille de cuivre	3
Mitraille de fer ou de fonte	3
Moellons	3
Moleskine	1
Moleskine vernie	1
Molletons	1
Monnaie de billon	1
Morfil	1
Morue salée ou verte	3
Morue sèche	3
Mottes à brûler	3
Mouches à miel	1
Moules (coquillages)	1
Moules et modèles	1
Mousse	1
Moutarde (graine de)	3
Moutarde préparée	1
Moutarde préparée en futs ou en pots emballés	2
Moyeux en bois	3
Moyeux en fonte	3
Muriate de potasse	3
Muriate de soude	3
Musc	1
Muscades	1
Myrobolans	3
Myrrhe	1

Marchandises	Séries
N.	
Nacre brute	3
Nacre ouvrée	1
Naphte solide	4
Natron	4
Nattes	1
Navets	3
Navets par W.C. de 5000 Kilog. ou payant pour ce poids.	4
Navette (graine de)	4
Nerfs de boeufs	2
Nerprun (graine de)	2
Nitrate de potasse	4
Nitrate de soude	4
Noir animal	3
Noir animal par W.C. de 5000 Kilogrammes ou payant pour ce poids	4
Noir animal pour engrais	5
Noir de fumée	1
Noir d'ivoire	1
Noir d'os	3
Noir d'os par W.C. de 5000 Kilogrammes ou payant pour ce poids	4
Noir léger	1
Noir minéral	4
Noir végétal	3
Noisettes fraiches	1
Noisettes sèches	2
Noisettes sèches en sacs.	3
Noix de coco.	2
Noix fraiches.	1
Noix sèches.	2
Noix sèches en sacs.	4

Marchandises	Séries
Noix de galle	3
Noix vomique	1
Noyaux concassés	3
Noyaux non concassés	3
O.	
Objets dangereux pour lesquels des règlements de police prescriraient des précautions spéciales. (Voir le tarif exceptionnel fixé par l'art. 11.)	"
Objets d'art (Statues, tableaux, bronzes d'art. (Voir le tarif exceptionnel fixé par l'art. 8.)	"
Objets dont les dimensions excèdent celles du matériel (Voir l'art. 12)	"
Objets ne pesant pas 200 Kilogrammes sous le volume d'un mètre cube. (Voir le tarif exceptionnel fixé par l'art. 10.)	"
Objets de collection	1
Objets manufacturés non dénommés (+)	1
Ocre.	3
Ocre par W.C. de 5000 Kil. ou payant pour ce poids sans responsal	4
Oeillette (graine d')	4
Oeufs	1
Oignons brûlés	3

Marchandises	Séries
Oignons de fleurs	1
Oignons frais	1
Oignons secs	3
Oignons par W.C de 5000 Kilog. ou payant pour ce poids.	4
Oléine	3
Olives conservées	1
Olives fraîches	1
Olives en barils	3
Olives en caisses	2
Ombrelles	1
Onglons de bétail	2
Onglons de tortue	2
Onglons par W.C. de 5000 Kilogrammes ou payant pour ce poids	4
Opium	1
Oranges	1
Orangettes	1
Orcanette	3
Orge	4
Orge germée	4
Orge perlée	3
Orgues	1
Ornements en fer	2
Ornements en fonte	2
Orpiment	3
Orseille	3
Os bruts	3
Os bruts en sacs	4
Os concassés	3
Os concassés en sacs	4
Os de seiche	1
Os en poudre	3
Os en poudre par W.C. de 5000 Kilogrammes ou payant pour ce	

Marchandises	Séries
poids sans responsab.	4
Os ouvrés	1
Osiers	3
Ouate (+)	1
Outils non dénommés	2
P.	
Paillassons	3
Paille commune tressée	1
Paille fine, tressée ou non tressée.	1
Paille de maïs (+)	2
Paille de maïs par W.C. de 4000 Kilogrammes ou payant pour ce poids	4
Pailles non dénommées (+)	2
Pain	4
Pain d'épice	2
Palmier nain en fibres	3
Pamelle	4
Paniers démontés	3
Paniers vides (+)	1
Panneaux en fayence	1
Panneaux en fayence en cadres sans responsabilité	2
Papeterie	1
Papier à écrire ou à imprimer.	1
Papier à écrire ou à imprimer emballé, sans responsabilité	2
Papier d'emballage ou à sucre	2
Papier d'emballage ou à sucre emballé sans responsabilité	3

Marchandises	Séries
Papier de verre	2
Papiers peints	1
Papiers peints emballés, sans responsabilité	2
Papiers non dénommés	1
Papiers vernis	1
Papiers vernis emballés, sans responsabilité	2
Parapluies	1
Parchemin	1
Parfumerie	1
Passementerie	1
Pastèques	1
Pâtes alimentaires et potagères non dénommées.	3
Pâtes à papier	4
Pâtes d'Italie	3
Pâtes tinctoriales	2
Pâtisserie	1
Paumelle	4
Pavés	5
Peausserie	1
Peaux de chèvres ou de chevreaux brutes	2
Peaux de chèvres ou de chevreaux ouvrées ou préparées	1
Peaux de lapins brutes	3
Peaux de lapins ouvrées ou préparées.	1
Peaux de moutons en laine brutes.	3
Peaux de moutons en laine ouvrées ou préparées	1
Peaux brutes non dénommées	2
Peaux brutes par W.C. de 5000 Kilogrammes ou payant pour ce poids	3

Marchandises	Séries
Peaux corroyées	2
Peaux ouvrées	1
Peaux parées à la lunette	3
Peaux tannées	3
Peignes	1
Pelles montées	2
Pelles non montées	3
Pelleteries	1
Pelures de cacao	3
Pendules	1
Perches dont la longueur n'excède pas 6m50	3
Perlasse	4
Perles en verre	2
Phormium brut	2
Phormium brut emballé	3
Phormium filé	2
Phormium filé emballé	3
Phosphate de chaux	3
Phosphate de chaux pour engrais	5
Phosphate de potasse	2
Phosphate de soude	2
Phosphore (Voir le Tarif exceptionnel fixé par l'art. 11.)	»
Pianos (+)	1
Pièces d'armes bruts	3
Pièces de forge brutes ou ouvrées	3
Pièces en argile réfractaire pour appareils métallurgiques	3
Pièces en fer, fonte ou tôle ajustées pour ponts et dont la longueur n'excède pas 6m50	3
Pièces de ponts à bascules démontées	3
Pièces non dénommées de machines et de mécaniques démontées	1
Pièces non dénommées de machines et de mécaniques démontées non emballées, sans responsabilité	2
Pièces non dénommées de machines et de mécaniques non démontées emballées sans responsabilité	3
Pierres à aiguiser brutes	3
Pierres à aiguiser préparées	2
Pierres à aiguiser préparées, sans responsabilité	3
Pierres à chaux	6
Pierres à faux brutes	3
Pierres à faux taillées	3
Pierres à feu brutes	3
Pierres à feu taillées	2
Pierres à macadam	5
Pierres à plâtre	5
Pierres artificielles en ciment	3
Pierres de taille brutes ou légèrement ébauchées	3
Pierres de taille façonnées	3
Pierres lithographiques brutes	3
Pierres lithographiques polies en carrières	2
Pierres lithographiques préparées	1
Pierres lithographiques préparées, emballées, sans responsabilité	3
Pierre ponce	2
Pierre ou terre de Salinelle	3
Piles électriques	1
Piment	3
Pipes en terre cuite	3
Pipes (fûts) démontées	3
Pipes (fûts) vides (+)	1
Pistaches	1
Planches d'impression	1
Planches dont la longueur n'excède pas 6m50	3
Planches en lames ou en frises pour parquets	3
Plantes médicinales non dénommées	1
Plantes potagères non dénommées	1
Plantes tinctoriales non dénommées	1
Plantes vivantes (+)	1
Plantes vivantes par wagon complet de 4000 kilogrammes ou payant pour ce poids	3
Plaqué d'or ou d'argent (Voir le tarif exceptionnel fixé par l'article 8).	»
Plaques de blindage	3
Plaques foyères en fonte	2
Plaques tournantes	2

Marchandises	Séries
Plateaux en bois	3
Plâtre	3
Plâtre pour moulage	3
Plombagine	3
Plomb de chasse	2
Plomb en feuilles ou en tuyaux	2
Plomb en saumons	3
Plomb en tables	3
Plomb ouvré	2
Plumeaux	1
Plumes (+)	1
Plumes métalliques	1
Plumes de parures (+)	1
Poêlerie en faïence	1
Poêlerie en faïence, non emballée sans respons.	2
Poêlerie en faïence en caisses, harasses ou paniers, sans responsab.	3
Poêlerie en fonte	2
Poêlerie en fonte, en caisses harasses, ou paniers sans responsabilité	3
Poêlerie en fonte et tôle emballée sans respons.	3
Poêlerie en fonte et tôle	2
Poêlerie en tôle	1
Poêlerie en tôle emballée sans responsabilité	3
Poids à peser en cuivre	1
Poids à peser en fonte	3
Poids d'horloge en fonte	3
Poils de chameau	2
Poils de chèvre	2
Poils de lapins	4
Poils de vache	3
Poils d'animaux non dénommés	2

Marchandises	Séries
Pointes	3
Poiré	2
Poiré en fûts sans respon.	3
Poireaux	1
Poires à la pelle	1
Poires à la pelle par W.C. de 5000 Kilogrammes ou payant ce poids sans responsabilité, Chargement et Déchargement par les soins et aux frais, risques et périls des expéditeurs ou des destinataires	3
Poires à poiré	1
Poires à poiré par W.C. de 5000 Kilogrammes ou payant pour ce poids sans responsabilité Chargement et déchargement par les soins et aux frais, risques et périls des expéditeurs ou des destinataires	3
Poires fraîches	1
Poires sèches	2
Pois frais	1
Pois secs	4
Poissons en boites	1
Poissons frais	1
Poissons fumés ou séchés non dénommés	3
Poissons salés non dénommés	3
Poivre	3
Poix	3
Pommes à cidre	1
Pommes à cidre, par W.C. de 5000 Kilogrammes ou	

Marchandises	Séries
payant pour ce poids sans responsabilité Chargement et déchargement par les soins et aux frais, risques et périls des expéditeurs ou des destinataires	3
Pommes à la pelle	1
Pommes à la pelle par W.C. de 5000 Kilog. ou payant pour ce poids sans responsabilité Chargement et déchargement par les soins et aux frais, risques et périls des expéditeurs ou des destinataires	3
Pommes de pin	3
Pommes de terre	2
Pommes de terre en sacs	4
Pommes fraîches	1
Pommes sèches	2
Poncires à l'eau de mer	1
Porcelaine	1
Porcelaine en caisse, cadres ou harasses sans responsabilité	2
Porte bouteilles en fer (+)	1
Potasse	4
Poteaux dont la longueur n'excède pas 6m50	3
Poterie commune	2
Poterie commune en caisses cadres ou harasses, sans responsabilité	3
Poterie commune en vrac par W.C. de 5000 Kilog. ou payant pour ce poids	

Marchandises	Séries	Marchandises	Séries	Marchandises	Séries
sans responsabilité chargement et déchargement par les soins et aux frais, risques et périls des expéditeurs	3	Produits de carrières non dénommés	3	Raisiné	2
Poterie en fonte	2	Projectiles en fer ou en fonte.	3	Raisiné en caisses, paniers ou tonneaux, sans responsabilité	3
Poterie d'étain	1	Pruneaux	2	Raisins frais	1
Poterie fine	1	Prunes fraiches	1	Raisins secs	2
Poterie fine en caisses, cadres ou harasses sans responsabilité	2	Prunes sèches	2	Raisins secs pour boissons	2
Poterie non vernie en terre cuite	2	Prussiate de potasse	3	Raisins secs pour distillerie	2
Poterie non vernie en terre cuite, en caisses, cadres ou harasses sans responsabilité	3	Pulpes de betteraves	3	Raigrass (graine de)	4
Poudre à feu. (Voir le tarif exceptionnel fixé par l'art. 11.)	"	Pulpes de pomme de terre	3	Redoul	2
Poudrette	5	Pyrites	4	Réglisse noire	2
Poussier de charbon	3	Pyrolignite d'alumine	4	Regret d'orfèvre	3
Poutres et poutrelles dont la longueur n'excède pas 6m50.	3	Pyrolignite de chaux	4	Résidus de betteraves	3
Poutres en fer, fonte ou tôle pour ponts, dont la longueur n'excède pas 6m50.	3	Pyrolignite de fer	4	Résidus de boucherie	4
Pouzzolane	3	Pyrolignite de plomb	3	Résidus de fécule de pomme de terre	3
Préparations chimiques	1	Pyrolignite non dénommés	3	Résidus de métaux	3
Préparations pharmaceutiques	1	**Q.**		Résine	3
Presses à copier	1	Quartz	5	Ressorts de voitures, de wagon ou de locomotives.	3
Presses lithographiques	1	Quercitron	3	Ressorts pour tampon de wagons.	3
Présure	1	Quincaillerie fine	1	Rhubarbe	1
Produits chimiques non dénommés.	1	Quincaillerie grosse	2	Rhum	2
		Quinquina	1	Rhum en futs sans responsabilité	3
		R.		Ricin (graine de)	2
		Racines à brûler	3	Rivets	3
		Racines de chicorée	3	Riz	4
		Racines d'épine-vinette	3	Rocou	2
		Racines d'épine-vinette par W.C. de 4000 Kilog. ou payant pour ce poids sans responsabilité	4	Rognures de carton ou de papier	4
		Racines de guimauve	3	Rognures de cuir	3
		Racines de réglisse	3	Rognures de cuivre et autres métaux	3
		Racines non dénommées	1		
		Rails	3		

Marchandises	Séries	Marchandises	Séries	Marchandises	Séries
Rondins	3	Sarrasin	4	Simarouba	1
Roseaux	2	Sarraux	1	Sirop de fécule	3
Rotins	2	Saucissons	2	Sirop de fécule sans responsabilité	4
Rouennerie	1	Saumure	3	Sirops non dénommés	1
Roues de wagons montées	3	Savon commun en briques	3	Smalt brut	2
Rouleaux d'impression	1	Savon de Marseille	3	Smalt en poudre	2
Roues de wagons non montées	3	Savon de toilette	1	Socs de charrue	3
Rubannerie de coton, de fil ou de soie	1	Savon mou	2	Soie brute	1
Ruches d'abeilles	1	Savon mou en barils	3	Soie manufacturée	1
		Scamonée	1	Soies de porc	3
S		Schiste bitumineux	3	Soieries	1
		Scies	1	Solives dont la longueur n'excède pas 6m50	3
		Scilles	1	Sommiers élastiques	1
Sable	5	Sciures de bois	3	Son	4
Sabots de bétail	3	Scories ou résidus d'usines métallurgiques	5	Sonnettes	1
Sabots de voitures en fonte	3	Sébeste	1	Sorgho (graine de)	4
Sabots pour chaussures	4	Seigle	4	Sorgho (tige de)	4
Sabots pour pilotis	3	Sel ammoniac	3	Souches à brûler	3
Sacs vides	3	Sel d'étain	3	Soude brute	4
Safran	1	Sel d'oseille	2	Soude liquide	4
Safranum	1	Sel de plomb	3	Soude raffinée	3
Sagou	3	Sel de potasse	4	Soudure de cuivre	3
Saindoux	3	Sel de saturne	3	Soufre brut	4
Sainfoin (graine de)	4	Sel de soude	4	Soufre raffiné	3
Salaison non dénommées	1	Sel de zinc	3	Soufre sublimé	3
Salaison non dénommées en barils	2	Sel gemme	4	Sparte brut (+)	3
Salep	2	Sel hydraté des eaux mères des salines	4	Sparterie	2
Salin	4	Sel marin	4	Spath-fluor	3
Salpêtre	4	Sellerie (+)	1	Spermaceti	1
Salsepareille	1	Semoule	3	Spiritueux non dénommés	1
Sandaraque	1	Séné	1	Spiritueux non dénommés en futs sans responsabilité	3
Sang desséché	3	Serpentaire de Virginie	1	Stannate de soude	4
Sang liquide	3	Serrurie non dénommée	2	Stéarine	4
Sangsues	1	Sésame (graine de)	4	Storax	1
Sardines à l'huile	1	Silicate de potasse	4		
Sardines salées	2	Silicate de soude	4		
Sarments	3				

Marchandises	Séries	Marchandises	Séries	Marchandises	Séries
Suc de chataignier	1	Tamarin	3	Toiles de coton blanchies	
Suc de régisse	2	Tamis	1	emballées sans res-	
Sucre brut	3	Tampon pour wagons	3	ponsabilité	3
Sucre candi	1	Tan	4	Toiles de coton écrues	2
Sucre en pains	1	Tannin	3	Toiles de coton écrues	
Sucre pilé	1	Tapioca	3	emballées sans res-	
Sucre raffiné	1	Tapis	1	ponsabilité	3
Suie	5	Tapisserie	1	Toile d'emballage	3
Suif brut	2	Tartans	1	Toile en treillis	1
Suif brut en caisses		Tartre brut	4	Toiles imprimées	1
ou barriques sans		Tartre raffiné	3	Toiles métalliques	2
responsabilité	4	Térébenthine	2	Toiles peintes	1
Suif épuré	1	Térébenthine en fûts sans		Toiles non dénommées	1
Sulfate d'alumine	4	responsabilité	3	Tôle d'acier non ouvrée	2
Sulfate d'ammoniaque	4	Terre à pipe	3	Tôle de fer non ouvrée	2
Sulfate de baryte	4	Terre à poterie	3	Tôle galvanisée	2
Sulfate de cuivre	4	Terre de bruyère	5	Tôles ouvrées	2
Sulfate de fer	4	Terre d'ombre	3	Tomettes	2
Sulfate de magnésie	1	Terre de Sienne	3	Tonneaux démontés.	3
Sulfate de plomb	4	Terre réfractaire	3	Tonneaux vides (+)	1
Sulfate de potasse	4	Terre végétale	5	Tontisses	3
Sulfate de quinine	1	Terre verte	2	Torches	3
Sulfate de soude	4	Terres non dénommées	3	Tortues	1
Sulfate de zinc	4	Terreau	5	Tourbe	5
Sulfate non dénommés	3	Terrines	1	Tourbe carbonisée	5
Sumac	3	Thé	1	Touries vides	1
		Thibaude	3	Touries vides par wagon	
T.		Thon mariné	1	d'au moins 5000 Kilogr.	
		Tirefonds pour rails	3	ou payant pour ce poids	
Tabac en feuilles	3	Tissus non dénommés	1	sans responsabilité	
Tabac manufacturé	1	Toiles à bâches et à voiles	3	Chargement et déchar-	
Tabletterie	1	Toiles à sacs	3	-gement par les soins	
Tafia	2	Toiles cirées	1	aux frais, risques et	
Tafia en fûts sans respons.	3	Toiles de chanvre et de		périls des expéditeurs	
Taillanderie	3	lin blanchies	1	et des destinataires	3
Talc brut	3	Toiles de chanvre ou de		Tournebroches.	2
Talc en feuilles	2	lin écrues	1	Tournesol	2
Talc en poudre	2	Toiles de coton blanchies	2	Tournure de fer.	3

Marchandises	Séries
Tourteaux	3
Tourteaux, par w.c. de 5000 Kilogrammes ou payant pour ce poids	4
Traverses pour chemin de fer.	3
Trèfle (graine de)	4
Treillages en bois	3
Treillages en fer	3
Tresses de paille	1
Tripoli en poudre	2
Trois-six	2
Trois-six en futs sans responsabilité	3
Truffes	1
Tubes en cuivre	3
Tubes en fer	3
Tubes en laiton	3
Tuiles	3
Turbith	1
Tuyaux de drainage en terre cuite ou en ciment	3
Tuyaux de drainage en terre cuite, par w.c. de 5000 Kilogr. ou payant pour ce poids sans responsabilité	4
Tuyaux en bois	2
Tuyaux en cuivre	3
Tuyaux en fer	3
Tuyaux en fonte	3
Tuyaux en plomb	2
Tuyaux en tôle bitumés ou non bitumés	3
Tuyères en fonte	3

Marchandises	Séries
U.	
Ustensiles de ménage en cuivre, étain, fer-blanc, tôle ou zinc	1
Ustensiles de ménage en fer battu	2
Ustensiles de ménage en fonte	2
Ustensiles de ménage non dénommés	1
Ustensiles de ménage en cuivre, étain, fer-blanc, tôle ou zinc, en caisses, harasses ou paniers.	2
V.	
Vanille	1
Vannerie (+)	1
Vannerie, par w.c de 4000 Kilogrammes ou payant pour ce poids	3
Varech	2
Varech par w.c. de 5000 Kilogrammes ou payant pour ce poids	4
Velours	1
Vendanges (raisins)	3
Verdet	3
Vergeoise	3
Verjus	3
Vermicelle	3
Vermillon	1
Vermouth	2

Marchandises	Séries
Vermouth en futs sans responsabilité	3
Vernis	1
Verres à vitres	1
Verres à vitres en caisses sans responsabilité	3
Verre cassé	3
Verre pilé	3
Verrerie commune	1
Verrerie commune en caisses, cadres, ou harasses, sans responsabilité.	3
Verrerie fine.	1
Verroterie.	1
Vert-de-gris.	3
Vesces	4
Vêtements confectionnés	1
Vétiver	1
Viandes fraiches	1
Viandes fumées ou salées non dénommées	2
Viandes fumées ou salées en futs ou en caisses	3
Vieil acier	3
Vieilles chaussures	3
Vieilles fontes	3
Vieux cordages	4
Vieux cuivre	3
Vieux métaux non dénommés	3
Vieux papier	4
Vinaigres	2
Vinaigres en futs sans responsabilité	3
Vins	2
Vins en futs sans responsabilité	3

Marchandises	Séries	Marchandises	Séries	Marchandises	Séries
Vis à bois	3	**W.**		**Z.**	
Vitriol bleu	4	Wagons à terrassement montés	2	Zinc en feuilles ou en tuyaux	2
Vitriol vert	4	Wagons à terrassement démontés	3	Zinc en plaques	3
Volailles mortes	1	Wagons de mine montés	2	Zinc en saumons	4
Volailles vivantes	1	Wagons de mine démontés	3	Zinc ouvré	2
Volières (+)	1			Zostère	2
Voliges dont la longueur n'excède pas 6m50	3			Zostère par w.c. de 5000 kil. ou payant pour ce poids	4

Avis important

relatif à la Classification par série.

Dans les séries qui précèdent, les mots : **sans responsabilité** s'appliquent seulement aux déchets et avaries de route.

Tout chargement inférieur à un wagon complet de 4000 Kilogrammes ou de 5000 Kilogrammes est taxé d'après le prix réduit afférent à un wagon complet de 4000 Kilogrammes ou de 5000 Kilogrammes, lorsqu'il y a pour l'expéditeur avantage à payer 4,000 ou 5000 Kilogrammes.

Tarifs généraux

au départ de

Strasbourg

Prix de transport

Observations

Deux colonnes de distances existent au départ de chaque gare.

La première colonne (distances par rail) comprend les distances à compter pour les transports à petite vitesse par Tarifs spéciaux, & pour les marchandises de la 5e Série du Tarif général.

La deuxième colonne (distances d'application) comprend les distances à compter pour les marchandises transportées à Petite Vitesse par Tarifs généraux, à l'exception des marchandises de la 5e Série.

Les distances par rails sont comptées d'après l'itinéraire le plus court. Elles servent de distances d'application là où des guillemets figurent dans la colonne *distances d'application*.

Tarif au départ de Strasbourg.

Prix par 1,000 Kilogrammes de gare en gare

y compris les frais de chargement, de déchargement & de gare.

(Prix extraits des Tarifs généraux de la Compie des chemins de fer de l'Est)

Nota. – Les délais ne comprennent pas le jour de la remise ni celui de la livraison.

de Strasbourg (vice-versâ)	Départements	Distances		Prix par 1000 Kilgrammes						Délais jours francs
		par Rail	d'application	Minimum 10 Kos & de 10 en 10	Minimum 50 Kilogr. & de 10 en 10. 1re Série	2e Série	3e Série	4e Série	5e Série	
A										
Ai	Marne	363	.	90.75	59.60	52.30	37.80	23.30	16.–	4
Aillevillers-Plombières	Haute-Saône	220	213	53.25	35.60	31.30	22.80	17.50	12.50	3
Altkirch	Haut-Rhin	126	"	31.50	21.65	19.15	14.10	11.60	7.80	2
Amagne-Attigny-Vouziers	Ardennes	407	"	101.75	66.60	58.50	42.20	25.90	17.80	5
Arches	Vosges	189	169	42.25	28.55	25.15	18.40	15.–	10.95	3
Ars-sur-Moselle	Moselle	198	"	49.50	33.20	29.20	21.30	17.35	11.40	3
Audun-le-Roman	d°	256	"	64.–	42.45	37.35	27.10	19.40	13.50	3
Autet	Haute-Saône	260	"	65.–	43.10	37.90	27.50	19.70	13.50	3
Avenay	Marne	366	"	91.50	60.05	52.75	38.10	23.45	16.15	4
Avolsheim	Bas-Rhin	"	"	"	"	"	"	"	"	"
Avricourt	Meurthe	93	"	23.25	16.40	14.50	10.80	8.95	6.50	2

de **Strasbourg** (vice-versâ)	Départements	Distances par Rail	Distances d'application	Prix par 1000 Kilogram.es — Minimum 10 Kil & de 10 en 10	Minimum 50 Kilogrammes & de 10 en 10. 1re Série	2e Série	3e Série	4e Série	5e Série	Délais jours francs
Azerailles . . .	Meurthe	134	117	29.25	20.20	17.90	13.20	10.85	8.20	3
Azoudange-Maizières	. . d°	102	"	25.50	17.80	15.80	11.70	9.65	6.60	2
B										
Baccarat	Meurthe	140	117	29.25	20.20	17.90	13.20	10.85	8.50	2
Bains	Vosges	206	199	49.75	33.35	29.35	21.40	17.40	11.80	3
Bâle	(Suisse)	143	"	35.75	24.40	21.50	15.80	12.95	8.65	2
Barberey	Aube	439	"	109.75	71.75	62.95	45.40	27.85	19.05	5
Bar-le-Duc .	Meuse	249	"	62.25	41.35	36.35	26.40	18.95	13.50	3
Barr	Bas-Rhin . . .	38	21	5.25	4.85	4.45	3.60	3.20	3.20	2
Bar-sur-aube .	Aube	379	"	94.75	62.15	54.55	39.40	24.25	16.65	4
Bar-sur-Seine	. . d°	459	"	114.75	74.95	65.75	47.40	29.05	19.85	5
Bartenheim . . .	Haut-Rhin . . .	131	"	32.75	22.45	19.85	14.60	12.–	8.05	2
Bas-Evette	. . . . d°	164	"	41.–	27.75	24.45	17.90	14.60	9.70	3
Bayon	Meurthe	141	"	35.25	24.05	21.25	15.60	12.80	8.55	2
Bazancourt . . .	Marne	400	"	100.–	65.50	57.50	41.50	25.50	17.50	5
Bazeilles	Ardennes	344	"	86.–	56.55	49.65	35.90	22.50	15.25	4
Belfort	Haut-Rhin . . .	157	"	39.25	26.60	23.50	17.20	14.05	9.35	3
Benfeld	Bas-Rhin . . .	29	"	7.25	6.15	5.55	4.40	3.80	3.80	2
Bennwihr-Mittelw.	Haut-Rhin . . .	62	"	15.50	11.40	10.20	7.70	6.45	6.45	2
Bischoffsheim .	Bas-Rhin . . .	"	"	"	"	"	"	"	"	"

de **Strasbourg** (vice-versâ)	Départements	Distances		Prix par 1000 Kilogrammes						Délais
		par Rail.	d'application	Minimum 10 Kilos & de 10 en 10	Minimum 50 Kilogrammes & de 10 en 10.					jours francs
					1e Série	2e Série	3e Série	4e Série	5e Série	
Bischwiller	Bas-Rhin	27	"	6.75	5.80	5.30	4.20	3.65	3.65	2
Bitschwiller-Thann	Haut-Rhin	121	"	30.25	20.85	18.45	13.60	11.20	7.55	2
Blainville-la-Grande	Meurthe	127	"	31.75	21.80	19.30	14.20	11.65	7.85	2
Blesme-Haussignemont	Marne	285	"	71.25	47.10	41.40	30.–	21.45	13.50	4
Bollwiller	Haut-Rhin	93	"	23.25	16.40	14.50	10.80	8.95	6.50	2
Bologne	Marne	352	"	88.–	57.80	50.80	36.70	22.60	15.60	4
Bondy	Seine	492	"	123.–	80.20	70.40	50.70	31.–	21.20	5
Boulzicourt	Ardennes	375	"	93.75	61.50	54.00	39.00	24.00	16.50	4
Braisne	Aisne	424	"	106.–	69.35	60.85	43.90	26.95	18.45	5
Braux	Ardennes	387	"	96.75	63.40	55.70	40.20	24.70	17.–	4
Bricon	Haute-Marne	350	"	87.50	57.50	50.50	36.50	22.50	15.55	4
Brumath	Bas-Rhin	18	"	4.50	4.40	4.–	3.30	2.95	2.95	2
C										
Carignan	Ardennes	328	"	82.–	54.–	47.40	34.30	22.50	14.60	4
Cernay	Haut-Rhin	113	"	28.25	19.60	17.30	12.80	10.55	7.15	2
Chalindrey	Haute-Marne	292	"	73.–	48.20	42.40	30.70	21.95	13.50	4
Chalmaison	Seine-et-Marne	508	"	127.–	82.80	72.60	52.30	32.–	21.80	5
Châlons s/marne	Marne	330	"	82.50	54.30	47.70	34.50	22.50	14.70	4
Champagney	Haute-Saône	173	"	43.25	29.20	25.70	18.80	15.35	10.15	3
Champlitte	d°	296	292	73.–	48.20	42.40	30.70	21.95	13.50	4

de **Strasbourg** (vice-versâ)	Départements	Distances		Prix par 1000 Kilogrammes						Délai
		par Rail	d'application	Minimum 10 Kil. & de 10 en 10	Minimum 50 Kilogrammes & de 10 en 10.					jours francs
					1re Série	2e Série	3e Série	4e Série	5e Série	
Changis	Seine-et-Marne	445	"	111.25	72.70	63.80	46.–	28.20	19.30	5
Charmes	Vosges	152	"	38.–	25.80	22.80	16.70	13.65	9.10	3
Charmoy-Fayl-Billot	Haute-Marne	277	"	69.25	45.80	40.30	29.20	20.90	13.50	4
Château-Thierry	Aisne	408	"	102.–	66.80	58.60	42.30	26.–	17.80	3
Châtel-Nomexy	Vosges	162	"	40.50	27.40	24.20	17.70	14.45	9.60	3
Châtenay	Seine-et-Marne	521	"	130.25	84.85	74.45	53.60	32.75	22.35	5
Châtenois	Bas-Rhin	"	"	"	"	"	"	"	"	"
Châtillon-Sort-à-Bize	Marne	376	"	94.–	61.65	54.15	39.10	24.05	16.55	4
Chaumont	Haute-Marne	338	"	84.50	55.60	48.80	35.30	22.50	15.–	4
Chauvency	Meuse	307	"	76.75	50.60	44.50	32.20	22.50	13.80	4
Chelles	Seine-et-Marne	484	"	121.–	78.95	69.25	49.90	30.55	20.85	5
Chevillon	Haute-Marne	321	"	80.25	52.85	46.45	33.60	22.50	14.35	4
Chèvremont	Haut-Rhin	151	"	37.75	25.65	22.65	16.60	13.60	9.05	3
Clairvaux	Aube	366	"	91.50	60.05	52.75	38.10	23.45	16.15	4
Clérey	d°	441	"	110.25	72.05	63.25	45.60	27.95	19.15	5
Cocheren	Moselle	268	207	51.75	34.60	30.50	22.20	17.50	13.50	3
Colmar	Haut-Rhin	68	"	17.–	12.40	11.–	8.30	6.95	6.50	2
Colombier	Haute-Saône	212	"	53.–	35.40	31.20	22.70	17.50	12.10	3
Commercy	Meuse	208	"	52.–	34.80	30.60	22.30	17.50	11.90	3
Conflans	Haute-Saône	234	229	57.25	38.15	33.55	24.40	17.55	13.20	3
Cons-la-Granville	Moselle	291	"	72.75	48.05	42.25	30.60	21.85	13.50	4

de Strasbourg ([illegible])	Départements	Distances par Rail	Distances d'application	Minimum 10 Kil. & de 10 en 10	Minimum 50 Kilogr. & de 10 en 10 — 1re Série	2e Série	3e Série	4e Série	5e Série	
Coucy-les-Eppes	Aisne	425	»	106.25	69.30	61	44	27	18.50	
Coulommiers	Seine & Marne	556		139	90.45	79.35	57.10	34.80	23.75	6
Courcelles	Moselle	217	207	51.75	34.60	30.50	22.20	17.50	12.55	3
Courtenot-Lenclos	Aube	451		112.75	73.65	64.65	46.60	28.55	19.55	5
[illegible]	Haute Saône	210	»	51.25	34.30	30.20	22	17.50	11.75	3
D										
Dachstein-Altorff	Bas-Rhin									
Damery-Boursault	Marne	368	»	92	60.40	53	38.30	23.60	16.20	4
Dannemarie	Haut-Rhin	135	»	33.75	23.10	20.40	15	12.30	8.25	2
Dettwiller	Bas-Rhin	36	»	9	7.25	6.55	5.10	4.40	4.40	2
Devant-les-Ponts	Moselle	209	»	52.25	34.95	30.75	22.40	17.50	11.95	3
Deville	Ardennes	392	»	98	64.20	56.40	40.70	25	17.20	4
Dieulouard	Meurthe	171	»	42.75	28.85	25.45	18.60	15.20	10.05	3
Dieuze	d°	113	»	28.25	19.60	17.30	12.80	10.55	7.15	2
Donchery	Ardennes	355	»	88.75	58.30	51.20	37	22.80	15.70	4
Dongeux	Haute Marne	340	»	85	55.90	49.10	35.50	22.50	15.16	4
Dorlisheim	Bas-Rhin									
Dormans	Marne	386	»	96.50	63.25	55.55	40.10	24.65	16.95	4
Dornach	Haut-Rhin	108	»	27	18.80	16.60	12.30	10.15	6.90	2
[illegible]	Vosges	183	180	45	30.30	26.70	19.50	15.90	10.90	3
Douzy	Ardennes	341	»	85.25	56.05	49.25	35.60	22.50	15.15	4

de **Strasbourg** (vice-versâ)	Départements	Distances		Prix par 1000 Kilogrammes						Délais jours francs
		par Rail	d'application	Minimum 10 Kilos & de 10 en 10.	Minimum 50 Kilogram. & de 10 en 10. 1e Série	2e Série	3e Série	4e Série	5e Série	
Duppigheim-Kolbsh.	Bas-Rhin	"	"	"	"	"	"	"	"	"
Duttlenheim-Dinsh.	d°	"	"	"	"	"	"	"	"	"
E										
Ebange	Moselle	232	"	58.–	38.60	34.–	24.70	17.75	13.10	3
Ebersheim	Bas-Rhin	39	"	9.75	7.75	6.95	5.40	4.60	4.60	2
Eguisheim	Haut-Rhin	72	"	18.–	13.–	11.60	8.70	7.25	6.50	2
Einvaux	Meurthe	134	"	33.50	22.95	20.25	14.90	12.20	8.20	2
Emberménil	d°	101	"	25.25	17.65	15.65	11.60	9.60	6.55	2
Émérainville-Pontault	Seine-&-Marne	512	"	128.–	83.40	73.20	52.70	32.20	22.–	5
Entzheim-Hagenbieten	Bas-Rhin	"	"	"	"	"	"	"	"	"
Epernay	Marne	361	"	90.25	59.25	52.05	37.60	23.15	15.95	4
Epinal	Vosges	177	169	42.25	28.25	25.15	18.40	15.–	10.35	3
Erstein	Bas-Rhin	22	"	5.50	5.–	4.60	3.70	3.25	3.25	2
Esbly	Seine-&-Marne	466	"	116.50	76.05	66.75	48.10	29.45	20.15	5
Etival	Vosges	154	117	29.25	20.20	17.90	13.20	10.85	9.20	2
Eurville	Haute-Marne	312	"	78.–	51.40	45.20	32.70	22.50	14.–	4
F										
Faremoutiers	Seine-&-Marne	549	"	137.25	89.35	78.35	56.40	34.45	23.45	6
Faulquemont	Moselle	243	207	51.75	34.60	30.50	22.20	17.50	13.50	3
Faverney	Haute-Saône	243	239	59.75	39.75	34.95	25.40	18.25	13.50	3

de **Strasbourg** (vice-versâ)	Départements	Distances		Prix par 1,000 Kilogrammes						Délais
		par Rail	d'application	Minimum 10 Kilos & de 10 en 10	Minimum 50 Kilogr.mes, & de 10 en 10.					jours francs
					1e Série	2e Série	3e Série	4e Série	5e Série	
Fegersheim	Bas-Rhin	14	"	3.50	3.75	3.45	2.90	2.60	2.60	2
Fismes	Marne	413	"	103.25	67.60	59.30	42.80	26.30	18.–	5
Flamboin	Seine-et-Marne	505	"	126.25	82.30	72.20	52.–	31.80	21.70	5
Fontenoy-sur-Moselle	Meurthe	174	"	43.50	29.35	25.85	18.90	15.40	10.20	3
Fontoy	Moselle	248	"	62.–	41.20	36.20	26.30	18.85	13.50	3
Forbach	d°	273	207	51.75	34.60	30.50	22.20	17.50	13.50	3
Fouchères-Vaux	Aube	449	"	112.25	73.35	63.35	46.40	28.45	19.45	5
Foug	Meurthe	190	"	47.50	31.90	28.10	20.50	16.70	11.–	3
Foulain	Haute-Marne	327	"	81.75	53.80	47.30	34.20	22.50	14.60	4
Fresnes-St Mamès	Haute-Saône	246	"	61.50	40.85	35.95	26.10	18.70	13.50	3
Frontière du Rhin	Bas-Rhin	17	"	4.25	4.20	3.90	3.20	2.85	2.85	2
Frontière Luxembourg	Moselle	250	"	62.50	40.75	35.75	25.75	18.25	12.75	3
Frontière luxembt-belg	d°	302	"	75.50	49.80	43.80	31.70	22.50	13.60	4
Frouard	Meurthe	158	"	39.50	26.80	23.60	17.30	14.15	9.40	3
Fumay	Ardennes	411	"	102.75	67.25	59.05	42.60	26.15	17.95	5
G										
Gagny	Seine-&-Oise	488	"	122.–	79.60	69.80	50.30	30.80	21.–	5
Geispolsheim	Bas-Rhin	11	"	2.75	3.25	3.05	2.60	2.40	2.40	2
Gelucourt	Meurthe	"	"	"	"	"	"	"	"	"
Genevreuille	Haute-Saône	198	"	49.50	33.20	29.20	21.30	17.35	11.40	3
Germaine (halte)	Marne	374	"	93.50	61.35	53.85	38.90	23.95	16.45	4

de Strasbourg (vice versa)	Départements	Distances		Prix par 1000 Kilogrammes						Délais
		par Rail	d'application	Minimum 10 Kilos & de 10 en 10	Minimum 50 Kilogr. & de 10 en 10.					jours francs
					1re Série	2e Série	3e Série	4e Série	5e Série	
Givet	Ardennes	435	"	108.75	71.10	61.40	45.–	27.60	18.90	5
Grandpuits	Seine-&-Marne	535	"	133.75	87.10	76.40	55.–	33.60	22.90	6
Gray	Haute-Saône	276	"	69.–	45.65	40.15	29.10	20.80	13.50	3
Gretz-Armainvilliers	Seine-&-Marne	523	"	130.75	85.20	74.70	53.80	32.90	22.40	5
Guérard	d°	543	"	136.25	88.70	77.80	56.–	34.20	23.30	6
Guingnicourt	Aisne	405	"	101.25	66.30	58.20	42.–	25.80	17.70	5
Gundershoffen	Bas-Rhin	49	"	12.25	9.35	8.35	6.40	5.40	5.40	2
H										
Habsheim	Haut-Rhin	118	"	29.50	20.40	18.–	13.30	10.95	7.40	2
Hagondage	Moselle	223	"	55.75	37.20	32.70	23.80	17.50	12.65	3
Haguenau	Bas-Rhin	34	"	8.50	6.95	6.25	4.90	4.20	4.20	2
Hayange	Moselle	240	"	60.–	39.90	35.10	25.50	18.30	13.50	3
Héming	Meurthe	79	"	19.75	14.15	12.55	9.40	7.80	6.50	2
Hermé	Seine-&-Marne	501	"	125.25	81.65	71.65	51.60	31.55	21.55	5
Herny	Moselle	233	207	51.75	34.60	30.50	22.20	17.50	13.15	3
Herrlisheim	Haut-Rhin	75	"	18.75	13.50	12.–	9.–	7.50	6.50	2
Hettange	Moselle	241	"	60.25	40.05	35.25	25.60	18.35	13.50	3
Hochfelden	Bas-Rhin	28	"	7.–	6.–	5.40	4.30	3.75	3.75	2
Hoerdt	d°	17	"	4.25	4.20	3.90	3.20	2.85	2.85	2
Hoffen	d°	55	"	13.75	10.30	9.20	7.–	5.90	5.90	2

de Strasbourg (vice versâ)	Départements	Distances par Rail	Distances d'application	Prix par 1.000 Kilogrammes — Minimum 10 Kilos & de 10 en 10	Minimum 50 Kilogr. & de 10 en 10 — 1ᵉ Série	2ᵉ Série	3ᵉ Série	4ᵉ Série	5ᵉ Série	Délais jours francs
Holtzheim . . .	Bas-Rhin . . .	"	"	"	"	"	"	"	"	
Hombourg . . .	Moselle	261	207	51.75	34.60	30.50	22.20	17.50	13.50	3
Hortes . . .	Haute-Marne .	283	"	70.75	46.80	41.10	29.80	21.30	13.50	4
Hunspach . . .	Bas Rhin . . .	59	"	14.75	10.95	9.75	7.40	6.20	6.20	2
I										
Illfurth . . .	Haut-Rhin . .	119	"	29.75	20.55	18.15	13.40	11.—	7.45	2
J										
Jâlons-les-Vignes . .	Marne . . .	344	"	86.—	56.55	49.65	35.90	22.50	15.25	4
Jessains . . .	Aube . . .	390	"	97.50	63.90	56.10	46.50	24.90	17.10	4
Joinville . . .	Haute-Marne .	331	"	82.75	54.45	47.85	34.60	22.50	14.75	4
Jonchery . . .	Marne . . .	402	"	100.50	65.80	57.80	41.70	25.60	17.60	5
Joppécourt . . .	Moselle . . .	263	"	65.75	43.60	38.30	27.80	19.90	13.50	3
Jussey . . .	Haute-Saône . .	254	"	63.50	42.15	37.05	26.90	19.30	13.50	3
K										
Kehl (station badoise)	Gd Duché-de-Bade	23	"	5.75	5.20	4.70	3.80	3.35	3.35	2
Kirchheim . . .	Bas-Rhin . . .	"	"	"	"	"	"	"	"	"
Kogenheim . . .	. . . dº	34	"	8.50	6.95	6.25	4.90	4.20	4.20	2

de **Strasbourg** (vice-versâ)	Départements	Distances par Rail	Distances d'application	Prix par 1000 Kilogrammes: Minimum 10 Kilo & de 10 en 10	Minimum 50 Kilogrs, & de 10 en 10. 1re Série	2e Série	3e Série	4e Série	5e Série	Délais jours francs
L										
La Ferté-Bourbonne	Haute-Marne . . .	272	"	68.–	45.–	39.60	28.70	20.55	13.50	3
La Ferté-sous-Jouarre	Seine-&-Marne.	437	"	109.25	71.40	62.70	45.20	27.70	19.–	5
Lagny-Thorigny.	. . . d°	475	"	118.75	77.50	68.–	49.–	30.–	20.50	5
Lamouilly . . .	Meuse	314	"	78.50	51.75	45.45	32.90	22.50	14.05	4
Langres	Haute-Marne . .	303	"	75.75	50.–	43.90	31.80	22.50	13.60	4
Laon	Aisne	436	"	109.–	71.25	62.55	45.10	27.65	18.95	5
Launois	Ardennes	390	"	97.50	63.90	56.10	40.50	24.90	17.10	4
La Veuve	Marne	340	"	85.–	55.90	49.10	35.50	22.50	15.10	4
Le Châtelet	. . d°	410	"	102.50	67.10	58.90	42.50	26.10	17.90	5
Lérouville . . .	Meuse	214	"	53.50	35.75	31.45	22.90	17.50	12.20	3
Les Ormes	Seine-&-Marne	510	"	127.50	83.10	72.90	52.50	32.10	21.90	5
Liepvre	Haut-Rhin . .	59	"	14.75	10.95	9.75	7.40	6.20	6.20	2
Limersheim . . .	Bas-Rhin . . .	18	"	4.50	4.40	4.–	3.30	2.95	2.95	2
Lingolsheim . . .	. . . d°	"	"	"	"	"	"	"	"	"
Liverdun	Meurthe	165	"	41.25	27.90	24.60	18.–	14.70	9.75	3
Loisy	Marne	304	"	76.–	50.15	44.05	31.90	22.50	13.65	4
Loivre	. . d°	395	"	98.75	64.70	56.80	41.–	25.20	17.30	4
Longeville	Meuse	244	"	61.–	40.55	35.65	25.90	18.60	13.50	3
Longueville . . .	Seine-&-Marne	512	"	128.–	83.40	73.20	52.70	32.20	22.–	5
Longuyon	Moselle	281	"	70.25	46.45	40.85	29.60	21.15	13.50	4

de **Strasbourg** (vice-versâ)	Départements	Distances par Rail	Distances d'application	Prix par 1000 Kilogrammes: Minimum 10 Kilos & de 10 en 10	Minimum 50 Kilogr.es, & de 10 en 10: 1e Série	2e Série	3e Série	4e Série	5e Série	Délais jours francs
Longwy	Moselle	297	„	74.25	49.–	43.10	31.20	22.30	13.50	4
Loxéville	Meuse	227	„	56.75	37.80	33.30	24.20	17.50	12.85	3
Lunéville	Meurthe	117	„	29.25	20.20	17.90	13.20	10.85	7.35	2
Lure	Haute-Saône	189	„	47.25	31.75	27.95	20.40	16.60	10.95	3
Lusigny	Aube	418	„	104.50	68.40	60.–	43.30	26.60	18.20	5
Lutterbach	Haut-Rhin	105	„	26.25	18.30	16.20	12.–	9.90	6.75	2
Lutzelbourg-Phalsbg	Meurthe	54	„	13.50	10.15	9.05	6.90	5.80	5.80	2
M										
Maätz	Haute-Marne	304	292	73.–	48.20	42.40	30.70	21.95	13.65	4
Maison-Rouge	Seine-&-Marne	520	„	130.–	84.70	74.30	53.50	32.70	22.30	5
Maisons-Blanches	Aube	435	„	108.75	71.10	62.40	45.–	27.60	18.90	5
Maizières	Moselle	218	„	54.50	36.40	32.–	23.30	17.50	12.40	3
Marainvillers	Meurthe	109	„	27.25	18.95	16.75	12.40	10.20	6.95	2
Maranville	Haute-Marne	361	„	90.25	59.25	52.05	37.60	23.15	15.95	4
Marbache	Meurthe	164	„	41.–	27.75	24.45	17.90	14.60	9.70	3
Margut	Ardennes	320	„	80.–	52.70	46.30	33.50	22.50	14.30	4
Marienthal	Bas-Rhin	30	„	7.50	6.30	5.70	4.50	3.90	3.90	2
Marlenheim	Bas-Rhin	„	„	„	„	„	„	„	„	„
Marles-la-Houssaye	Seine-&-Marne	533	„	133.25	86.80	76.10	54.80	33.50	22.80	6
Matzenheim	Bas-Rhin	25	„	6.25	5.50	5.–	4.–	3.50	3.50	2

de Strasbourg (vice versâ)	Départements	Distances		Prix par 1000 Kilogrammes						Délais
		par Rail	d'application	Minimum 10 Kilo & de 10 en 10	Minimum 50 Kilogr. & de 10 en 10					jours francs
					1e Série	2e Série	3e Série	4e Série	5e Série	
Meaux	Seine-&-Marne	458	"	114.50	74.80	65.60	47.30	29.–	19.80	5
Melz	d°	496	"	124.–	80.85	70.95	51.10	31.25	21.35	5
Mertzwiller	Bas-Rhin	45	"	11.25	8.70	7.80	6.–	5.10	5.10	2
Merxheim	Haut-Rhin	87	"	21.75	15.40	13.70	10.20	8.45	6.50	2
Mesgrigny	Aube	459	"	114.75	74.95	65.75	47.40	29.05	19.85	5
Metz	Moselle	207	"	51.75	34.60	30.50	22.20	17.50	11.85	3
Mézières, Charleville	Ardennes	371	"	92.75	60.85	53.45	38.60	23.75	16.35	4
Mézy	Aisne	399	"	99.75	65.35	57.35	41.40	25.45	17.45	4
Mohon	Ardennes	369	"	92.25	60.55	53.15	38.40	23.65	16.25	4
Molsheim	Bas-Rhin	21	"	5.25	4.85	4.45	3.60	3.20	3.20	2
Mommenheim	d°	23	"	5.75	5.20	4.70	3.80	3.35	3.35	2
Montereau	Seine-&-Marne	534	"	133.50	86.95	76.25	54.90	33.55	22.85	6
Monthermé	Ardennes	388	"	97.–	63.60	55.80	40.30	24.80	17.–	4
Monthureux	Haute-Saône	246	"	61.50	40.85	35.95	26.10	18.70	13.50	3
Montiéramey	Aube	411	"	102.75	67.25	59.05	42.60	26.15	17.95	5
Mont-le-Vernoy	Haute-Saône	229	"	57.25	38.15	33.55	24.40	17.55	12.95	3
Montmédy	Meuse	301	"	75.25	49.65	43.65	31.60	22.50	15.55	4
Montreux-Vieux	Haut-Rhin	143	"	35.75	24.40	21.50	15.80	12.95	8.65	2
Mont-St-Martin (Fort)	Moselle	299	"	74.75	49.35	43.35	31.40	22.45	13.50	4
Mormant	Seine-&-Marne	542	"	135.50	88.20	77.40	55.70	34.–	23.20	6
Mortcerf	d°	540	"	135.–	87.90	77.10	55.50	33.90	23.10	6

de **Strasbourg** (vice-versâ)	Départements	Distances par Rail	Distances d'application	Prix par 1000 Kilogrammes: Minimum 10 Kilo. & de 10 en 10.	Prix par 1000 Kilogrammes: Minimum 50 Kilog. & de 10 en 10. 1re Série	2e Série	3e Série	4e Série	5e Série	Délais jours francs
Mourmelon-le-petit	Marne	357	"	89.25	58.60	51.50	37.20	22.90	15.80	4
Mouroux	Seine-&-Marne	553	"	138.25	90.–	78.90	56.80	34.70	23.60	6
Moussey	Meurthe	"	"	"	"	"	"	"	"	"
Muizon	Marne	395	"	98.75	64.70	56.80	41.–	25.20	17.30	4
Mulhouse	Haut-Rhin	111	"	27.75	19.25	17.05	12.60	10.40	7.05	2
Mussey	Meuse	257	"	64.25	42.60	37.50	27.20	19.50	13.50	3
Mutzig	Bas-Rhin	24	21	5.25	4.85	4.45	3.60	3.20	3.20	2
N										
Nançois-le-Petit	Meuse	237	"	59.25	39.40	34.70	25.20	18.10	13.35	3
Nancy	Meurthe	150	"	37.50	25.50	22.50	16.50	13.50	9.–	2
Nangis	Seine-&-Marne	531	"	132.75	86.45	75.85	54.60	33.35	22.75	6
Nanteuil Saâcy	d°	429	"	107.25	70.15	61.55	44.40	27.25	18.65	5
Niederbronn	Bas-Rhin	55	"	13.75	10.30	9.20	7.–	5.90	5.90	2
Nogent-l'Artaud	Aisne	419	"	104.75	68.55	60.15	43.40	26.65	18.25	5
Nogent-sur-Marne	Seine	501	"	125.25	81.65	71.65	51.60	31.55	21.55	5
Nogent-sur-Seine	Aube	490	"	122.50	79.90	70.10	50.50	30.90	21.10	5
Noidans-le-Ferroux	Haute-Saône	237	"	59.25	39.40	34.70	25.20	18.10	13.35	3
Noisy-le-Sec	Seine	494	"	123.50	80.55	70.65	50.90	31.15	21.25	5
Nouvion-sur-Meuse	Ardennes	360	"	90.–	59.10	51.90	37.50	23.10	15.90	4
Nouzon	d°	378	"	94.50	62.–	54.40	39.30	24.20	16.60	4

de **Strasbourg** (vice-versa)	Départements	Distances		Prix par 1000 Kilogrammes						Délais
		par Rail	d'application	Minimum 10 Kilos & de 10 en 10	Minimum 50 Kilogr. & de 10 en 10.					jours francs
					1re Série	2e Série	3e Série	4e Série	5e Série	
Novéant	Moselle	193	"	48.25	32.40	28.50	20.80	16.95	11.15	3
O										
Obernay	Bas-Rhin	31	21	5.25	4.85	4.45	3.60	3.20	3.20	2
Oiry-Avize	Marne	355	"	88.75	58.30	51.20	37.–	22.80	15.70	4
Ostheim	Haut-Rhin	59	"	14.75	10.95	9.75	7.40	6.20	6.20	2
Oyrières	Haute-Saône	286	"	71.50	47.25	41.55	30.10	21.50	13.50	4
Ozouer-la-Ferrière	Seine-&-Marne	517	"	129.25	84.20	73.90	53.20	32.50	22.20	5
Ozouer-le-Voulgis	d°	533	"	133.25	86.80	76.10	54.80	33.50	22.80	6
P										
Pagny-sur-Moselle	Meurthe	187	"	46.75	31.40	27.70	20.20	16.45	10.85	3
Pargny	Marne	277	"	69.25	45.80	40.30	29.20	20.90	13.50	4
Paris (La Villette)	Seine	501	"	125.25	81.65	71.65	51.60	31.55	21.55	5
Paris (Pantin)	d°	498	"	125.25	81.65	71.65	51.60	31.55	21.55	5
Payns	Aube	446	"	111.50	72.85	63.95	46.10	28.25	19.35	5
Peltre	Moselle	211	207	51.75	34.60	30.50	22.20	17.50	12.05	3
Pierrepont	d°	272	"	68.–	45.–	39.60	28.70	20.55	13.50	3
Poix-Terron	Ardennes	382	"	95.50	62.60	55.–	39.70	24.40	16.80	4
Pont-à-Mousson	Meurthe	178	"	44.50	30.–	26.40	19.30	15.75	10.40	3
Pont-sur-Seine	Aube	481	"	120.25	78.45	68.85	49.60	30.35	20.75	5

de **Strasbourg** (vice versa)	Départements	Distances		Prix par 1000 Kilogrammes						Délai jours francs
		par Rail	d'application	Minimum 10 Kilos & de 10 en 10	Minimum 50 Kilogr., & de 10 en 10.					
					1re Série	2e Série	3e Série	4e Série	5e Série	
Port-d'Atelier..	Haute-Saône..	239	"	59.75	39.75	34.95	25.40	18.25	13.45	3
Port-sur-Saône..	... do ...	231	"	57.75	38.45	33.85	24.60	17.65	13.05	3
Pourru-Brévilly	Ardennes...	337	"	84.25	55.40	48.70	35.20	22.50	15.–	4
Pouxeux....	Vosges.....	193	169	42.25	28.55	25.15	18.40	15.–	11.15	3
Provins....	Seine-&-Marne	519	516	129.–	84.05	73.75	53.10	32.45	22.25	5
R										
Rainey-Villemomble	Seine-&-Oise..	490	"	122.50	79.90	70.10	50.50	30.90	21.10	5
Raon-l'Étape-la-Neuveville	Vosges....	149	117	29.25	20.20	17.90	13.20	10.85	8.95	2
Réchicourt-le-Château	Meurthe....	89	"	22.25	15.75	13.95	10.40	8.60	6.50	2
Reichshoffen...	Bas-Rhin...	53	"	13.25	10.–	8.90	6.80	5.75	5.75	2
Reims.....	Marne.....	386	"	96.50	63.25	55.55	40.10	24.65	16.95	4
Remilly....	Moselle....	226	207	51.75	34.60	30.50	22.20	17.50	12.80	3
Remiremont..	Vosges.....	205	169	42.25	28.55	25.15	18.40	15.–	11.75	3
Rethel....	Ardennes....	415	"	103.75	67.90	59.60	43.–	26.40	18.10	5
Revigny....	Meuse.....	264	"	66.–	43.75	38.45	27.90	20.–	13.50	3
Revin.....	Ardennes....	404	"	101.–	66.15	58.05	41.90	25.75	17.65	5
Ribeauvillé...	Haut-Rhin...	55	"	13.75	10.30	9.20	7.–	5.90	5.90	2
Rilly-la-Montagne.	Marne....	379	"	94.75	62.15	54.55	39.40	24.25	16.65	4
Rixheim....	Haut-Rhin..	116	"	29.–	21.05	17.75	13.10	10.80	7.30	2
Rolampont...	Haute-Marne.	314	"	78.50	51.75	45.45	32.90	22.50	14.05	4

de **Strasbourg** (vice-versâ)	Départements	Distances		Prix par 1000 Kilogrammes						Délais
		par Rail	d'application	Minimum 10 Kilos & de 10 en 10	Minimum 50 Kilogr.es, & de 10 en 10. 1re Série	2e Série	3e Série	4e Série	5e Série	jours francs
Romilly	Aube	471	"	117.75	76.85	67.45	48.00	29.76	20.35	5
Ronchamp	Haute-Saône	179	"	44.75	30.15	26.55	19.40	15.80	10.45	3
Rosheim	Bas-Rhin	26	21	5.25	4.85	4.45	3.60	3.21	3.20	2
Rosières-aux-salines	Meurthe	132	"	33.–	22.60	20.–	14.70	12.05	8.10	2
Rosny-sous-bois	Seine	497	"	124.25	81.–	71.10	51.20	31.30	21.40	5
Rouffach	Haut-Rhin	81	"	20.25	14.45	12.85	9.60	8.–	6.50	2
Rouilly-Saint-Loup	Aube	425	"	106.25	69.50	61.–	44.–	27.–	18.50	5
S										
Saint-Amarin	Haut-Rhin	128	"	32.–	22.–	19.40	14.30	11.75	7.90	2
Saint-Avold	Moselle	254	207	51.75	34.60	30.50	22.20	17.50	13.50	3
Saint-Clément	Meurthe	126	117	29.25	20.20	17.90	13.20	10.85	7.80	2
Saint-Dié	Vosges	166	117	29.25	20.20	17.90	13.20	10.85	9.80	2
Saint-Dizier	Haute-Marne	302	"	75.50	49.80	43.80	31.70	22.50	13.60	4
Saint-Erme	Aisne	418	"	104.50	68.40	60.–	43.30	26.60	18.20	5
Saint-Hyppolite	Haut-Rhin	51	"	12.75	9.65	8.65	6.60	5.60	5.60	2
Saint-Louis	Haut-Rhin	138	"	34.50	23.60	20.80	15.30	12.55	8.40	2
Saint-Loup-Luxeuil	Haute-Saône	226	218	54.50	36.40	32.–	23.30	17.50	12.80	3
Saint-Mesmin	Aube	453	"	113.25	74.–	64.90	46.80	28.70	19.60	5
Saint-Michel	Vosges	159	117	29.25	20.20	17.90	13.20	10.85	9.45	2
Saint-Parres-lès-Vaudes	Aube	444	"	111.–	72.55	63.65	45.90	28.15	19.25	5

de Strasbourg (vice-versâ)	Départements	Distances		Prix par 1000 Kilogrammes						Délais
		par Rail	d'application	Minimum 10 Kilo & de 10 en 10	Minimum 50 Kilogr. & de 10 en 10. 1re Série	2e Série	3e Série	4e Série	5e Série	jours francs
Sainte-Croix-a-mines	Haut-Rhin	63	"	15.75	11.60	10.30	7.80	6.55	6.50	2
Sainte-Marie a/m	d°	66	"	16.50	12.05	10.75	8.10	6.80	6.50	2
Sarrebourg	Meurthe	71	"	17.75	12.85	11.45	8.60	7.20	6.50	2
Saulce-Monclin	Ardennes	398	"	99.50	65.20	57.20	41.30	25.40	17.40	5
Saverne	Bas-Rhin	44	"	11.–	8.55	7.65	5.90	5.–	5.–	2
Scharrachbergheim	d°	"	"	"	"	"	"	"	"	"
Schlestadt	d°	46	"	11.50	8.85	7.95	6.10	5.20	5.20	2
Sedan	Ardennes	351	"	87.75	57.65	50.65	36.60	22.55	15.55	4
Sermaize	Marne	272	"	68.–	45.–	39.60	28.70	20.55	13.50	3
Sermoise-Ciry	Aisne	431	"	107.75	70.45	61.85	44.60	27.35	18.75	5
Seveux	Haute-Saône	254	"	63.50	42.15	37.05	26.90	19.30	13.50	3
Sierentz	Haut-Rhin	127	"	31.75	21.80	19.30	14.20	11.65	7.85	2
Sillery	Marne	373	"	93.25	61.20	53.70	38.80	23.90	16.40	4
Soissons	Aisne	441	"	110.25	72.05	63.25	45.60	27.95	19.15	5
Sorcy	Meuse	200	"	50.–	33.50	29.50	21.50	17.50	11.50	3
Soultz-les-Bains	Bas-Rhin	"	"	"	"	"	"	"	"	"
Soultz-sous-Forêts	d°	51	"	12.75	9.65	8.65	6.60	5.60	5.60	2
Steinbourg	d°	40	"	10.–	7.90	7.10	5.50	4.70	4.70	2
Strasbourg (austerlitz)	d°	"	"	"	"	"	"	"	"	"
Styring-Wendel	Moselle	276	207	51.75	34.60	30.50	22.20	17.50	13.50	4

de Strasbourg (vice-versâ)	Départements	Distances par Rail	Distances d'application	Prix par 1000 Kilogrammes: Minimum 10 Kilos & de 10 en 10	Minimum 50 Kilogr. & de 10 en 10. 1re Série	2e Série	3e Série	4e Série	5e Série	Délais jours francs
T										
Thann	Haut-Rhin	118	"	29.50	20.40	18.–	13.30	10.95	7.40	2
Thionville	Moselle	234	"	58.50	38.95	34.25	24.90	17.90	13.20	3
Toul	Meurthe	183	"	45.75	30.80	27.10	19.80	16.15	10.65	3
Tournan	Seine-&-Marne	525	"	131.25	85.50	75.–	54.–	33.–	22.50	5
Trilport	d°	452	"	113.–	73.80	64.80	46.70	28.60	19.60	5
Troyes	Aube	434	"	108.50	70.95	62.25	44.90	27.55	18.85	5
U										
Uckange	Moselle	228	"	57.–	38.–	33.40	24.30	17.50	12.90	3
V										
Vaivre	Haute-Saône	223	"	55.75	37.20	32.70	23.80	17.50	12.65	3
Val-de-Villé	Bas-Rhin	"	"	"	"	"	"	"	"	"
Varangeville-St-Nicolas	Meurthe	137	"	34.25	23.40	20.70	15.20	12.45	8.35	2
Varennes	Aisne	396	"	99.–	64.85	56.95	41.10	25.25	17.35	4
Vaucouleurs-Pagny	Meuse	195	"	48.75	32.70	28.80	21.–	17.10	11.25	3
Vellexon	Haute-Saône	249	"	62.25	41.35	36.35	26.40	18.95	13.50	3
Vendenheim	Bas-Rhin	10	"	2.50	3.10	2.90	2.50	2.30	2.30	2
Vendeuvre	Aube	401	"	100.25	65.65	57.65	41.60	25.55	17.55	5
Vereux	Haute-Saône	266	"	66.50	44.05	38.75	28.10	20.10	13.50	3
Verneuil-Chaumes	Seine-&-Marne	537	"	134.25	87.40	76.70	55.20	33.70	23.–	6
Vesoul	Haute-Saône	219	"	54.75	36.55	32.15	23.40	17.50	12.45	3

de Strasbourg (vice-versâ)	Départements	Distances		Prix par 1000 Kilogrammes						Délais
		par Rail	d'application	Minimum 10 Kilog. & de 10 en 10	Minimum 50 Kilog. & de 10 en 10.					jours francs
					1re Série	2e Série	3e Série	4e Série	5e Série	
Vezin	Moselle	289	"	72.25	47.75	41.95	30.40	21.75	13.50	4
Vignory	Haute-Marne	352	"	88.–	57.80	50.80	36.70	22.60	15.60	4
Villepatour-Coubert	Seine-&-Marne	528	"	132.–	85.–	75.40	54.30	33.20	22.60	6
Villiers	Seine-&-Oise	505	"	126.25	82.30	72.20	52.–	31.80	21.70	5
Vimpelles	Seine-&-Marne	514	"	128.50	83.75	73.45	52.90	32.35	22.05	5
Vireux	Ardennes	424	"	106.–	69.35	60.85	43.90	26.95	18.45	5
Vitrey	Haute-Saône	264	"	66.–	43.75	38.45	27.90	20.–	13.50	3
Vitry-la-Ville	Marne	315	"	78.75	51.90	45.60	33.–	22.50	14.10	4
Vitry-le-Français	d°	297	"	74.25	49.–	43.10	31.20	22.30	13.50	4
W										
Walbourg	Bas-Rhin	43	"	10.75	8.40	7.50	5.80	4.95	4.95	2
Wangen	d°	"	"	"	"	"	"	"	"	"
Wasselonne	d°	34	21	5.25	4.85	4.45	3.60	3.20	3.20	2
Wesserling	Haut-Rhin	131	"	32.75	22.45	19.85	14.60	12.–	8.05	2
Willer	d°	123	"	30.75	21.20	18.70	13.80	11.35	7.65	2
Wissembourg	Bas-Rhin	68	"	17.–	12.40	11.–	8.30	6.95	6.50	2
Witry-les-Reims	Marne	391	"	97.75	64.05	56.25	40.60	24.95	17.75	4
Wittelsheim	Haut-Rhin	98	"	24.50	17.20	15.20	11.30	9.35	6.50	2
X										
Xertigny	Vosges	196	188	47.–	31.60	27.80	20.30	16.55	11.30	3

Observations relatives au Tarif.

Les prix indiqués au présent Tarif sont à diminuer de $0^f,35^c$ par 1,000 Kilos, pour les marchandises transitant par Paris (La Villette) & de $0^f,55^c$ pour celles transitant par Belfort, Gray, Montereau, Soissons & Laon.–

Ces $0^f,35^c$ ou $0^f,55^c$ représentent des frais de manutention non perçus pour le transit.

Les Stations pour lesquelles il n'est pas indiqué de prix, ne sont pas ouvertes au Service de la Petite Vitesse.

La gare de Paris n'a de petite vitesse que pour le Service de la douane.

La station de Rosny-sous-bois est ouverte au service de la Petite Vitesse pour le transport par wagon complet des marchandises qui ne craignent pas la mouille, telles que Bourrées, Plâtre, Moëllons, etc.

Les prix de la 1re colonne sont applicables aux paquets ou colis de 0 à 40 Kilogrammes.

Nota. – S'il s'était glissé des erreurs dans le présent Tarif, les prix approuvés par l'Administration supérieure serviraient seuls de règle entre la Compagnie & les expéditeurs ou destinataires.

Tarif
du Camionnage dans Paris.

1° De la gare de La Villette pour la partie de la Ville comprise entre les anciens Boulevards extérieurs, *et vice-versâ*:

Marchandises en général, par .... 1,000 Kilogr... 5 fr. „ Cent.
Tissus emballés. – Calicots en vrac. – Papier &
Ferronnerie des Ardennes, par .... 1,000 — ... 3 „

Farines .... { par sac de .. 106 — ..... „ 25
{ par sac de .. 159 — ..... „ 30

Relevage du grenier d'abondance & des Entrepôts:

Farines .... { par sac de .... 106 Kilogr ... „ fr. 25 cent.
{ par sac de ... 159 — .... „ 30

2° De la gare de La Villette pour la partie de la Ville comprise entre les anciens Boulevards extérieurs & la nouvelle limite de l'octroi, *et vice-versâ*:

Marchandises en général, par .... 1,000 Kilogr... 6 fr. „ Cent.
Tissus emballés. – Calicots en vrac. – Papiers &
Ferronnerie des Ardennes, par .... 1,000 — ... 4 „

Farines (par expédition de 10 sacs au moins) { par sac de ... 106 — ... „ 35
{ par sac de ... 159 — ... „ 45

3° De la gare de La Villette pour la partie de la Ville qui était désignée sous les noms de La Villette & la Chapelle:

Marchandises en général ... { La Villette, par 1,000 Kilogr... 2 fr. „ Cents
{ La Chapelle, par 1,000 — .. 3 „

Farines .... { par sac de .... 106 — ... „ 25
{ par sac de .... 159 — ... „ 30

Délai de Camionnage: 2 Jours.

Conditions.

Les taxes du camionnage sont perçues par 10 Kilogrammes.
Le minimum de la perception est fixé à 25 Centimes.
Les matières inflammables ou explosibles (telles que Poudre à feu, Fulminates, Capsules, Artifices, Allumettes chimiques, Phosphore, Ether) & objets dangereux pour lesquels des règlements

de police prescriraient des précautions spéciales, les marchandises encombrantes qui ne pèseraient pas 200 Kilogr. sous le volume d'un mètre cube, les objets d'art, les glaces, les masses indivisibles pesant de 3.000 à 5.000 Kilogr., & les objets d'une longueur supérieure à 6 mètres 50 centimètres & ne dépassant pas 10 mètres, sont taxés moitié en sus des prix ci-dessus fixés.

Pour les masses indivisibles pesant plus de 5,000 Kilogrammes, ainsi que pour les objets dont la longueur excède 10 mètres, le Camionnage est traité de gré à gré. — Il en est de même pour les marchandises en vrac, telles que meubles non emballés, bouteilles vides, fruits & légumes.

La taxe est arrondie aux 5 centimes supérieurs lorsqu'elle atteint 2 Centimes 5 millimes, & aux 5 centimes inférieurs lorsqu'elle n'atteint pas 2 Centimes 5 millimes.

Lith. Griesbaber & Weiss.
Déposé.